四川外国语大学特色教材项目

媒体外交概论

INTRODUCTION TO MEDIA DIPLOMACY

徐惊奇·著

时事出版社
北京

图书在版编目（CIP）数据

媒体外交概论／徐惊奇著.—北京：时事出版社，2023.9
ISBN 978-7-5195-0542-4

Ⅰ.①媒… Ⅱ.①徐… Ⅲ.①传播媒介—应用—外交—概论 Ⅳ.①D8

中国国家版本馆 CIP 数据核字（2023）第110164号

出 版 发 行：时事出版社
地　　　　址：北京市海淀区彰化路138号西荣阁B座G2层
邮　　　　编：100097
发 行 热 线：（010）88869831　88869832
传　　　　真：（010）88869875
电 子 邮 箱：shishichubanshe@sina.com
网　　　　址：www.shishishe.com
印　　　　刷：北京良义印刷科技有限公司

开本：787×1092　1/16　印张：7.5　字数：94千字
2023年9月第1版　2023年9月第1次印刷
定价：60.00元

（如有印装质量问题，请与本社发行部联系调换）

目 录
contents

第一章　媒体外交概述 / 1
　　第一节　媒体外交的定义 / 1
　　第二节　媒体外交的研究对象 / 4
　　第三节　媒体外交与公共外交的关系 / 10
　　第四节　媒体外交的研究现状及方法 / 13

第二章　媒体外交的基本要素 / 19
　　第一节　媒体外交的基本特征 / 19
　　第二节　媒体外交的表现形式 / 25
　　第三节　媒体外交的运作过程 / 33

第三章　媒体外交的发展历史 / 39
　　第一节　媒体外交发展历史概述 / 39
　　第二节　美国的媒体外交 / 47
　　第三节　英国的媒体外交 / 52

第四章　报刊与媒体外交 / 57
　　第一节　报纸与媒体外交 / 57

第二节　期刊与媒体外交　/　61

第五章　广播、通讯社与媒体外交　/　65
　　第一节　广播与媒体外交　/　65
　　第二节　通讯社与媒体外交　/　70

第六章　电视与媒体外交　/　73
　　第一节　电视与媒体外交概述　/　73
　　第二节　美国有线电视新闻网与媒体外交　/　75
　　第三节　半岛电视台与媒体外交　/　81
　　第四节　今日俄罗斯电视台与媒体外交　/　86

第七章　互联网与媒体外交　/　91
　　第一节　互联网与媒体外交概述　/　91
　　第二节　微博外交　/　97

第八章　驻外记者与媒体外交　/　102
　　第一节　驻外记者概述　/　102
　　第二节　驻外记者与媒体外交　/　110

第一章　媒体外交概述

媒体外交作为近年来在外交学和国际传播研究领域中的新兴话题，加上公共外交在新世纪的蓬勃兴起，学者对媒体外交领域的系统研究也逐渐加强。本章主要阐述媒体外交的定义、研究对象和研究现状等方面，着重分析媒体外交的重要性，并通过案例分析揭示媒体外交的实质。

第一节　媒体外交的定义

媒体外交，从现象上讲，古已有之；从学术研究上讲，也有近五十年的历史。从已有文献看来，较多研究把重点放在它的重要性上，即媒体对外交关系的影响程度。有学者在论述媒体与政治的关系时指出，在两者的关系上，政治处于支配地位，即使历史上出现过许多媒体监督政府的经典案例，但是，这些案例不排除具有偶发性的特征。[1] 事实上，认为媒体外交存在并不意味着要一味拔高媒体的作用。只要媒体和外交之间存在良性的互动关系，那媒体外交的说法就基本可以成立。这

---

[1]　谢岳：《大众传媒与民主政治：政治传播的个案研究》，上海交通大学出版社2005年版，前言第6页。

种互动既包括媒体对外交政策的影响，也包括政策制定者对媒体的影响。但如果能证明大部分媒体外交的成功案例只是前述提到的不排除具有偶发性特征的话，那媒体外交的说法则显得过于牵强。在目前关于媒体外交的文献中，几乎没有否定媒体外交有效性的论述。媒体外交工作是否有用，长远来看，需要历史来检验。

但这一点疑虑似乎可以被打消，那就是随着时代的推进，各国外交决策机构越来越看重公共外交的重要性，并逐年增加在公共外交方面的投入。而一般认为从属于公共外交的媒体外交则必将由于媒体的特殊性而表现得越发活跃，于是各国政府开始陆续增加关于公共外交在国家层面的投入。美国在"9·11"事件后明显加强了在公共外交方面的投入，并由一位副国务卿专门负责美国的公共外交工作。中国则通过多层次多角度运用各类媒体在内的公共外交加强了国家形象的建设。

以中国的公共外交运作机构为例。1999年6月，外交部新闻司设立因特网主页管理处，负责网站工作。2004年，设立公众外交处，后来又更名为新闻司公共外交办公室。2010年8月，成立公共外交咨询委员会，由19位政策理论水平高、工作经验丰富的老大使、资深外交官及专家学者组成，主要职能是为外交部和驻外使领馆开展公共外交提供咨询建议等。随着公众外交的拓展以及重要性的提高，2012年8月，外交部新闻司公共外交办公室升级为外交部公共外交办公室，成为指导中国公共外交的综合协调部门。可以看出，中国外交部对于包括媒体外交在内的公共外交的重视也是随着公共外交重要性的逐渐提高而逐步增强的。

媒体外交，顾名思义，是和媒体有关的外交，或是有媒体参与其中的外交活动。更进一步要强调的是媒体在外交进程中扮演的重要角色和产生的重要作用。从美国前总统威尔逊先生提出著名的"十四点和平原则"开始,外交的公开性就已经为媒体外交预设了产生的基础。最初,媒体外交被用来描述新闻记者和外交官之间形式多样且复杂的联系和互动,强调媒体工作者与外交官之间的关系。到后来则逐渐有所变化,具体到定义层面,从目前已有的研究来看,有代表性的定义主要有以下几个。

国外方面,以色列学者伊坦·吉阿博(Eytan Gilboa)认为,媒体外交是政策制定者在特定事件中通过利用大众媒介来传递信号,或给国家和非国家行为体施加压力,或促进谈判,或通过动员公众支持以达成协议的行为。[①] 国内方面,赵可金认为,媒体外交即"由政府幕后操纵,运用大众传媒的力量,在特定的领域向其他国家的民众释放信息、影响舆论、塑造行为,希望在其他国家的民众中间建立信任、获得支持以及增强联系,进而间接影响他国政府行为的活动"。[②] 韩方明等人认为,媒体外交主要指政府运用新闻、出版、无线电广播、电视、电影、录像带以及新兴的电子通信手段,宣传对外政策。[③] 赵鸿燕等人认为,媒体外交是媒体进行或参与的外交,也可专指在政府控制下媒体参与并完成的外交。[④] 陆佳怡认为,媒体外交指"国家政府及其代表、媒体机构及其他行为主体通过国内外媒体,包括基于互联网技术的社交媒体平台,以发布官方权威信息、就争议性问题进行对话和讨论、组织联合采访报道和国际性活动等形式,影响国际公众,进而影响外交决策,推

---

① Eytan Gilboa, "Media Diplomacy: Conceptual Divergence and Applications," Harvard International Journal of Press/Politics, Vol. 3, No. 3, 1998.
② 赵可金:《媒体外交及其运作机制》,《世界经济与政治》2004年第4期。
③ 韩方明主编:《公共外交概论(第二版)》,北京大学出版社2012年版,第168页。
④ 赵鸿燕、林嫒:《媒体外交在美国的表现和作用》,《现代传播》2008年第2期。

动争议问题解决，彰显国家形象与国家品牌"。①

综合以上定义，除了提到的多种媒介形式，媒体外交主要强调政府在其中的主导作用和媒体在外交进程中的参与程度，以及媒体是否发挥了应有的作用。当然，这些定义也各有侧重，归纳起来有两个方面。一方面是媒体外交是什么，是外交方式，还是宣传行为？另一方面是媒体外交的传播内容是什么，是宣传一国的对外政策，还是宣传有关国家形象的基本问题？本书倾向于给出一个相对简明的定义，即媒体外交是指"一国政府通过各种媒介手段达到影响他国民众认知和政府行为的一种外交形式"。②

第二节　媒体外交的研究对象

研究媒体外交，要解决的一个基本问题是媒体外交的定位。学科定位方面，由于媒体外交介于外交学和传播学之间，还与政治学、公共关系学、心理学等学科关系甚密，加上目前普遍认为的媒体外交所从属的公共外交还没有成为一门学科，所以学科方面的定位就较为困难。仅就与传播学的关系而言，媒体外交与政治传播学的研究内容重合部分较多。

除了学科定位，我们还需要了解媒体外交研究包含的具体内容和主要环节。媒体外交的功能主要包括四点：发布信息、议程设置、引导舆论和影响政策。③ 前三点与媒体紧密相连，

---

① 陆佳怡：《媒体外交：一种传播学视角的解读》，《国际新闻界》2015年第4期。

② 徐惊奇、谭爽：《抗战时期外国记者团体与国民政府的媒体外交》，《青年记者》2015年第32期。

③ 任海、徐庆超：《媒体外交初探》，《中国人民大学学报》2011年第5期。

第四点则是外交决策层才能做出的。当然，前三点与媒体关系密切并不意味着媒体能决定所有的进程，这与媒体的体制、政府和媒体的合作紧密程度等因素相关。赫尔曼和乔姆斯基认为，一则消息从发生到最后见诸媒体，中间有着五个层级的过滤，任何一个层级的表现都可能对前述三点产生影响，并最终和行政当局的外交政策产生联系。① 国家体制不同，媒体类型不同，以及各种利益集团的错综关系，各国呈现的媒体外交状况不尽相同。

具体而言，媒体外交的研究对象主要有以下三个层面。

一、外交活动中政府对媒体的运用方式

在外交活动中，政府如何利用它作为权威消息来源的身份有效利用媒体，以及各种运用媒体的方式，是媒体外交的基本研究内容。政府与媒体之间的关系，是一种存在矛盾与纷争的同时又相互依赖的关系。媒体依靠挖掘官方消息以满足大众对外交事态发展的关注心理，而政府在与媒体的探究和质疑对抗的同时，也在巧妙地利用媒体来控制舆论，并尽可能只传达出自己想要传达的信息。可见，对于政府而言，媒体是既"棘手"又必须高度依赖的工具。而媒体虽为政府所利用，但同时也具有对政府的监督作用，使政府在处理外交事务时能够采取更加谨慎的态度。

1962年的古巴导弹危机初期，美国的间谍飞机发现苏联正在古巴境内秘密安装导弹。当时的肯尼迪政府有效利用媒体释放出大量关于将采取"压倒优势的报复行动"的威慑言论。

---

① [美]爱德华·S.赫尔曼、诺姆·乔姆斯基著，邵红松译：《制造共识：大众传媒的政治经济学》，北京大学出版社2011年版，第1—27页。

《纽约时报》就曾报道说："肯尼迪与其幕僚研究了13个日夜后决定，宁冒'第三次世界大战'的危险，也要与苏联对抗到底。总统已发出最后通牒，如果36小时内苏联不撤出古巴，美国将发起全面进攻。"① 无疑，美国媒体对核威慑力量的报道给苏联一方造成了巨大的心理压力。众所周知，这场典型的"零和博弈"的最后是苏联让步，美国媒体在其中起了重要作用。此外，吹风会也是媒体外交活动中常见的形式。据统计，在1999年北约轰炸南联盟的78天中，北约新闻发言人杰米·谢伊总共召开了约80次吹风会，向西方媒体源源不断地提供了经过军事指挥系统过滤的军事信息，成为第一手战事素材的最主要信息来源。②

冷战时期，由于媒体传播，人们对苏联在联合国安理会"无理"使用否决权这一行为印象颇深。但是，被大众忽略的是否决权背后的一些事实。据赫尔曼和乔姆斯基的统计，在1970—1989年期间，苏联只使用过8次否决权；而在同一时期，美国使用了高达56次的否决权。③ 美国多次使用否决权的行为没有被报道或较少报道，而苏联的行为则成了美国电视台和报纸新闻关注的重点，同时也是各类评论的焦点内容。当然，这个现象也可以与传播学家麦库姆斯和肖的议程设置理论联系起来进行理解，可以解释为各国民众形成的对于苏联使用否决权的印象是美国媒体议程设置的明显表现。由此可见，对媒体的有效运用是外交活动中的重要组成部分。

---

① 李智：《国际政治传播：控制与效果》，北京大学出版社2007年版，第81页。
② 李智：《国际政治传播：控制与效果》，北京大学出版社2007年版，第83页。
③ 李希光、周庆安主编：《软力量与全球传播》，清华大学出版社2005年版，第144页。

二、各国外交决策与媒体运用的关系

在外交决策过程中对媒体的有效使用是否达到了相应的预定效果,以及如何梳理外交决策和媒体运用之间的关系,也是研究媒体外交的主要内容之一。

在国际政治中,当两国出现外交事件和国际纠纷时,两国政府总是各自通过专题的、例行的和系列的媒体报道,促使媒体在短时期内参与、集中传播并连续报道,制造出一种有利于己的国内舆论和国际氛围,以期通过新闻舆论施压于对方政府并在短时期内解决问题。[①]

三、媒体与外交之间互动的规律

对媒体外交的研究还包括媒体与外交之间的互动关系,如果能够发现并总结出两者之间的互动规律,那么就可以表明研究媒体外交的必要性和重要性。具体到互动规律,可以从媒体在外交活动中承担的角色来做详细分析。

关于媒体在外交中承担的角色,我们先来看看几位学者的观点。学者史安斌以美国媒体为例进行分析,认为美国媒体在媒体外交的过程中扮演了三种角色,分别是引导性角色、中介性角色和参与性角色。"引导性角色即政府推动媒体在国防和外交事务方面扮演主导性角色。中介性角色即在国际交往中,双方无法直接接触或缺少'第三方'协调解决分歧,媒体以直接或间接的方式介入双方对话进程,担任'调停人'的角色。

[①] 赵鸿燕、林媛:《媒体外交在美国的表现和作用》,《现代传播》2008年第2期。

参与性角色即政府使用'新闻管理'策略,促使媒体机构和新闻工作者直接或间接地参与外交事务。"① 尤尔·科恩(Yoel Cohen)将媒体与外交二者之间的关系分为三类:第一,媒体作为信息来源,为外交决策者和公众提供信息;第二,媒体成为两国外交决策者之间的沟通渠道;第三,媒体作为外交机构向国内和国外公众解释政策,获取支持。② 范士明认为,媒体对外交决策的影响主要表现在三个方面:媒体可能影响舆论甚至政策议程的制定,媒体会加快决策速度、提高决策级别,以及设计议题。③

综合几位学者的观点,媒体在外交活动中无疑扮演着重要且活跃的角色,视不同的环境和特定局势,媒体对外交活动能起到主导、参与、协调、沟通等作用,具体采用的方式包括媒体报道、议程设置等,这些方式将在一定程度上对政府的外交决策和政策制定起到影响。如果媒体和外交决策部门间能进行良性互动并及时反馈消息的话,媒体外交的说法将能得到进一步的确认和推广。对于如何具体界定互动以及通过什么方法来界定,我们将在后面的章节中进行详细阐述。

案例分析 1-1 媒介调停

以色列学者伊坦·吉阿博在一篇论文中对外交领域中媒介作为调停者的若干案例进行了详细梳理和归纳,总结出媒介调停外交的三种模式,分别是直接干预、搭建桥梁和秘密调停。

---

① 史安斌:《媒体在公共外交中的三重角色》,《公共外交季刊》2011 年第 4 期。

② 陆佳怡:《媒体外交:一种传播学视角的解读》,《国际新闻界》2015 年第 4 期。

③ 范士明:《"CNN 现象"与美国外交》,《美国研究》1999 年第 3 期。

第一种模式是直接干预，具体指新闻工作者主动和直接地参与到国际调停，可以是一方发起，也可以是新闻工作者对涉事各方依次进行询问。直接干预时，新闻工作者同时对话双方，传递相关信息，并且提出相关的程序、建议或想法来促进官方的谈判。这种模式有三个案例，一是1977年美国哥伦比亚广播公司主持人沃尔特·克朗凯特（Walter Cronkite）对埃及总统萨达特和以色列总理贝京的调停，二是2000年英国记者帕特里克·西尔（Patrick Seale）试图打破以色列和叙利亚僵局的调停，三是2002年俄罗斯记者安娜·波利特科夫斯卡娅（Anna Politkovskaya）在车臣人质危机中在俄罗斯政府和车臣恐怖主义者之间进行的调停尝试。①

第二种模式是搭建桥梁，主要指在谈判进行之前，新闻工作者以非官方的方式与冲突各方进行交流，增进传播，提高互信，以促进谈判的进行。这种模式下的新闻工作者更像是对一个缺位的第三方的补位，通过努力让谈判各方确信大家都是怀着坦诚态度进行谈判并解决问题的。这种模式的主要表现方法是"专栏外交"（op-ed diplomacy），具体案例有两个，一个是《纽约时报》的托马斯·弗里德曼（Thomas Friedman）于2002年对沙特阿拉伯和以色列的和平进程的推动，另一个是《华尔街日报》的迈克·冈萨雷斯（Michael Gonzalez）在2003年伊拉克战争爆发前对欧洲和美国关系的促进。②

第三种模式是秘密调停。在伊坦·吉阿博看来，新闻工作者的使命是揭露事件而不是隐藏事件，媒介秘密调停看起来是一个矛盾的说法。这种模式的确比较少见，大多发生在冷战时

---

① Eytan Gilboa, "Media-Broker Diplomacy: When Journalists Become Mediators," Critical Studies in Media Communication, Vol. 22, No. 2, 2005.

② Eytan Gilboa, "Media-Broker Diplomacy: When Journalists Become Mediators," Critical Studies in Media Communication, Vol. 22, No. 2, 2005.

期的特殊环境下。第一个案例是 1956 年墨尔本奥运会期间，《体育画报》杂志的新闻工作者对于部分匈牙利运动员秘密叛逃美国所提供的帮助。第二个案例是美国广播公司记者约翰·斯卡利（John Scali）在 1962 年古巴导弹危机中进行的秘密调停。[1]

第三节　媒体外交与公共外交的关系

我们有必要弄清媒体外交和近年来方兴未艾的公共外交之间的区别和联系。通常的观点认为，媒体外交是隶属于公共外交的，换句话说，公共外交涵盖媒体外交。赵鸿燕认为，媒体外交不能等同于公共外交，但从某种意义上讲，它可以被视为公共外交的组成部分，或从属于公共外交的一个子集，或是政府直接参与通过新闻传播实现的公共外交的变体。[2] 在公共外交的开展过程中，媒体是其主要的使用手段，而且贯穿于公共外交的各个环节。赵楠等人认为，媒体外交和国家形象都与公共外交有着密切的联系。媒体外交是实现公共外交目的的形式，国家形象的传播则是公共外交的目的之一。[3] 此外，媒体外交和公共关系也有一定的关联性。在公共关系的活动中，媒体关系是重要组成部分。当在外交活动中开展公共关系时，媒体毫无疑问也成了主角。公共外交从某种层面上说，可以理解

---

[1] Eytan Gilboa, "Media-Broker Diplomacy: When Journalists Become Mediators," Critical Studies in Media Communication, Vol. 22, No. 2, 2005.

[2] 赵鸿燕：《政府记者招待会：历史、功能与问答策略》，中国传媒大学出版社 2007 年版，第 72 页。

[3] 赵楠、宋燕：《媒体外交与国家形象构建——传播手段视角下的新媒体外交》，《兰州大学学报（社会科学版）》2012 年第 6 期。

为国家层面的对外公共关系活动。

媒体外交和公共外交有明显区别。公共外交更多强调的是通过包含媒体手段在内的各种方式塑造国家形象，树立或改变本国在他国国民眼中的形象，目标相对单一。而媒体外交则强调外交进程中对于媒体手段的充分使用，同时其外交目标并不限于塑造或改善国家形象，而是包括普通外交活动所需要达成的各种目标，在此种意义上，公共外交并不能涵盖媒体外交。

世界上最大的国际组织——联合国，同样重视媒体和公共外交的关系。打开联合国网站，在新闻媒体一栏下设的子栏目包括联合国图片、新闻中心、联合国电台、联合国网络电视、联合国视听图书馆、会议报道和新闻稿等。"除了这些基本的新闻机构外，联合国还建立了新闻发言人机制。发言人将联合国的新闻向外界解释，如果出现临时突发情况，如灾难、战争等，联合国都需要迅速做出反应，表明其自身立场。"[1] 1946年，联合国大会表决通过第13号决议，成立联合国新闻部。"新闻部内设的新闻和媒体司为联合国的优先事项和活动制作并发布新闻和信息，它与媒体机构和其他特定观众建立伙伴关系。它帮助和支持记者及新闻机构报道联合国的工作。"[2] 此外，新闻部还设有外联司，外联司"通过组织以联合国重要事务为主题的特殊活动及展览，为发展中国家记者提供年度培训项目，以及与公有、私营部门发展伙伴关系，进一步推广联合国的目标，鼓励和引导公众支持联合国的宗旨和活动"[3]。

再以民国时期的公共外交家董显光为例，说明媒体外交和公共外交的关系。董显光是美国密苏里大学新闻学院的首届毕

---

[1] 赵雅婷：《联合国在华公共外交》，载庞中英主编：《赢取中国心：外国对华公共外交案例研究》，新华出版社2013年版，第163页。
[2] 郑启荣：《联合国与公共外交》，《公共外交季刊》2015年第4期。
[3] 郑启荣：《联合国与公共外交》，《公共外交季刊》2015年第4期。

业生，随后进入哥伦比亚大学普利策新闻学院攻读硕士学位。"1915年初，日本提出灭亡中国的'二十一条'，并企图迫使北京政府保密。此事为董显光侦知，遂以《纽约时报》驻北京记者身份，率先将此消息发送美国。《纽约时报》以《日本向中国提出灭国要求》的醒目大标题，作为头条新闻刊出，日本企图独占中国的计划被公之于世，引起世界轰动，为北京政府的外交交涉创造了有利的条件。"① 后来，董显光辗转进入国民政府宣传部门担任要职，先后经历了西安事变的外国新闻电讯检查事宜、针对南京大屠杀的反战宣传、作为中国代表团成员参加开罗会议等活动。"董显光为开展公共外交，在国际上广结友人，任用了许多国际友人任职国际宣传处，帮助中国的抗日战争。"②

通过以上案例我们可以看到，媒体外交和公共外交并没有非常明显的界限，公共外交工作的开展一定离不开媒体的参与。需要指出的是，除了媒体外交，现在还有民间外交、文化外交、微博外交、"第一夫人外交"等各种形式的外交名词，这些外交形式都可以算作公共外交的组成部分，只是每一个提法都有其特殊的背景和标准。随着公共外交在各国的广泛开展，互联网技术的普及和新媒体的运用，新的文化外交形式还将出现。需要指出的是，媒体和媒体外交都将在公共外交活动中扮演重要的角色。

在谈到媒体外交和公共外交关系时，还需要提及的一个方面就是媒体和政府的关系一定程度上会对媒体外交或公共外交工作造成影响。当媒体独立于政府之外，外交事件需要用到媒

---

① 石源华：《董显光：民国时期的"公共外交家"》，《世界知识》2013年第14期。

② 石源华：《董显光：民国时期的"公共外交家"》，《世界知识》2013年第14期。

体时，需要该事件本身具有足够的新闻价值，才会让媒体关注并跟进报道。当然，国家领导人或外交官员也可以利用自己在某些信息上的"独家消息源"的特殊地位来引导媒体进行报道。媒体和政府关系密切的国家，其媒体外交工作的开展则会表现得更顺利一些。但需要指出的是，媒体和政府关系越密切，相关媒体的报道和观点立场也越容易遭到其他国家的误解甚至攻击。

认识清楚媒体在外交工作中的作用有助于我们开展相应的媒体外交和公共外交工作。在媒体参与外交工作的过程中，传播的单向、双向和多向等特点也可以帮助我们理解媒体的作用。战争时期的传播活动以单向的宣传为主，因为没有更多的消息来源，所以能够保证取得良好的宣传效果。后来，电视媒体的发展，公众参与的普及，民众接触信息的渠道增多，传播的双向交流特征表现得更加明显，这时的外交工作则需要考虑一些方式方法和使用技巧了。在双向交流的过程中，政府需要顾及民众的反应，不能一味单方面宣称以国家利益为重而忽略民众的诉求，越南战争中的媒体、政府和外交的关系就是最典型的例子。在互联网时代，传播的多向交互性体现得更为明显。如何在互联网时代做好媒体外交和公共外交工作，考验的是参与外交工作的各方成员的智慧。

第四节　媒体外交的研究现状及方法

一、媒体外交的研究现状

关于媒体外交，国内外的相关研究现在还处于初期发展阶段。早在1922年，美国人李普曼就在代表作《公众舆论》中探讨了公众舆论和外交政策之间的关系。1968年，美国学者加里·英格利希（Gary English）在其博士论文《美国的媒体外交：政府政治中的问题》中正式提出媒体外交这一概念。[①] 此后，媒体外交开始进入各国学者的研究视野，同时成为各国政府在开展外交工作时不得不重视的领域。

近年来，在研究媒体外交方面有突出贡献的是以色列学者伊坦·吉阿博，国外其他主要研究学者有丹尼尔·哈林（Danniel Hallin）、尤尔·科恩和菲利普·赛博（Philip Seib）等。

国内目前研究者主要有赵可金、赵鸿燕、史安斌、钟新、陆佳怡等。赵鸿燕对媒体外交做了详细的谱系学、修辞学分析，史安斌强调媒体外交与公共外交的密切关系，赵可金较系统地提出了含媒体外交在内的公共外交及其运作机制。具体研究角度方面，有对媒体外交表现形式的划分，如广播外交、电视外交、新媒体外交等；也有对媒体外交所涉及主体的划分，如政府角色、驻外记者等。目前媒体外交理论应用分析的对象主要以中美关系、中日关系、中俄关系、中非关系为主。近年研究的新方向有新媒体外交、社会化媒体外交、全媒体外交等。

二、开展媒体外交研究的几种方法

尤尔·科恩在《媒体外交》一书中专门分析过研究媒体和国际事务之间关系的几种路径。第一种是分析新闻内容的本质。因为关于国际事务的大部分信息都来自媒体，媒体的相关

[①] Gary Clyde English, "United States Media-Diplomacy: Problems in the Politics of Administration," Emory University, 1968.

报道也是各国民众形成特定国家印象的主要来源。第二种路径是关注新闻业的制度和职业特征。通过分析新闻行业内包括记者、编辑、新闻源、新闻机构、新闻流动等在内的多种因素，可以进一步发现媒体和国际问题的深层关系。第三种路径是分析媒体和外交政策之间的关系。[①] 这三种路径无疑为我们研究媒体外交提供了开阔的视野。根据目前国内外有关媒体外交的研究成果，以及研究的热点，我们可以尝试从理论范式、案例、媒体三个方面入手进行研究。

（一）从理论范式入手的研究

从理论范式入手的研究有利于我们把握一门学科的逻辑，让我们从相对简单和清晰的角度去看待相关问题。有学者从托马斯·库恩（Thomas Kuhn）范式革命的角度进行分析后指出，媒体外交的概念使用"经过了对外宣传、公共外交、多元外交三个范式层，形成以国际舆论为基础，传播渠道、行为主体等新的含义持续着的丰富语义"。[②] 我们可以从具体的范式层入手展开研究，在不同范式下对媒体外交的理解有不同的侧重。以多元范式外交为例，该范式强调媒体机构作为行为主体的主动、主导行为被纳入媒体外交的研究范畴。[③] 从多元范式外交入手，各国媒体主动发起并组织的大型媒体合作实践就可以作为研究对象。

再以公共外交的理论研究为例。赵可金认为，从中国学界的研究来看，公共外交理论研究基本上形成了三种范式，分别是外交范式、战略范式和传播范式。外交范式强调话语权的角

[①] Yoel Cohen, "Media Diplomacy: The Foreign Office in the Mass Communication Age," Oxon: Frank Cass, 1986, pp. 3 – 4.

[②] 全会：《论"媒体外交"的范式之变》，《国际公关》2022 年第 6 期。

[③] 全会：《论"媒体外交"的范式之变》，《国际公关》2022 年第 6 期。

逐；战略范式认为公共外交是国家战略工具，战略管理是公共外交的关键；传播范式则看重国家形象的传播。不同范式的学科基础不同，研究方法各异，分析工具多样。[①] 由于媒体外交和公共外交的复杂关系，这些范式的说法可以帮助我们形成对媒体外交研究的认识。对媒体外交研究来说，从理论范式入手的研究能够为其提供一些方向性的指导，让我们能着重从战略、方向、观念等方面来思考媒体外交。

（二）从案例入手的研究

这是研究媒体外交最实际的一种方法。搜集整理从古至今发生在各国的典型的与媒体外交有关的案例，在案例研究的基础上尝试总结出媒体外交的特点，发现媒体与外交活动和外交政策之间的互动关系，能够为各国外交活动提供一种良性的理论指导。对案例的研究，则要求从原因、过程、结果、互动方式、效果评估等多方面进行，比如，可以选取某一具体国际关系事件，在特定时段内，对各类型媒体参与报道、部分媒体人士参与该事件本身、各方反应等方面进行详细分析并尝试得出结论。

关于媒体外交比较经典的案例有美国哥伦比亚广播公司主持克朗凯特对推进中东和平进程所做的贡献。1977年美国哥伦比亚广播公司主持人通过对埃及总统萨达特和以色列总理贝京的分别采访，促成了两人历史性的会面，而这次会面又通过电视直播直接影响了约3000万美国观众，从而推动了美国对中东和平进程的支持。[②] 这个案例与媒体在推动越南战争结束方

---

① 赵可金：《关于中国公共外交学科建设的思考》，《清华大学学报（哲学社会科学版）》2013年第3期。

② 赵鸿燕、林嫒：《媒体外交在美国的表现和作用》，《现代传播》2008年第2期。

面的作用有相似之处，前者对于外交的促进效果更显而易见，后者则是通过媒体的多篇报道，影响美国国内舆论，进而推动美国政府的外交决策。

（三）从媒体入手的研究

研究媒体外交的第三个视角是从媒体本身出发。媒体的发展，从早期的口语传播时代，经历了文字传播时代和印刷传播时代，到现今的电子传播时代，产生了多种具体的媒介形式，其中，以报纸、期刊、广播、通讯社、电视、互联网等为重点。从上述几种主要媒介形式入手，从其基本特点到在各类国际关系事件中的具体表现来分析媒体外交的具体内容，同样是有收获的。本书就是从这个角度对媒体外交进行详细分析的。

在传统的报刊和广播时代，由于媒介数量的限制和单向传播为主等特点，媒体参与外交的效果更典型和明显，比如美国《时代》周刊对中美关系发展中大事件的参与与报道，既对事件进行了记录与详尽分析，也以媒体的形式参与了外交的进程。到了电视和互联网时代，媒体参与外交的形式表现更为多样，但在效果评估方面的难度则变得更加困难。正由于此，从媒体入手来研究媒体外交意义重大。比如，以近年来比较流行的社交媒体——微博作为媒体样式进行的研究就比较多，微博外交现象也是媒体外交中的典型表现，如何从微博外交的研究中深入认识新媒体在外交活动中的作用，就是这方面研究的主要目的。

本章思考：

1. 媒体外交的核心问题是什么？

2. 收集一个中国古代关于媒体外交的案例并阐述媒体在其中发挥的作用。

3. 举例分析媒体外交和文化外交的关系。

第二章 媒体外交的基本要素

为了更透彻地理解媒体外交的涵义，我们有必要细化媒体外交的研究领域。本章主要从媒体外交的基本特征、表现形式、运作过程三个方面来分析媒体外交的基本要素，对这些基本问题的阐述能帮助我们深入理解媒体外交的概念和内涵。

第一节 媒体外交的基本特征

传统外交学认为，国家权力反映为民族国家为实现自身的国家利益对国际环境和国际交往的影响力——是国际关系最基本的元素。① 公共外交的开展能在一定程度上实现一国的国家利益对国际环境和国际交往的影响力，其中，媒体外交工作功不可没。"大众传媒介入国际关系并与国家外交政策相配合始于第一次世界大战期间。"② 1968 年，加里·英格利希在其博士论文《美国的媒体外交：政府政治中的问题》中正式提出媒体外交这一概念。此后，媒体外交开始进入各国学者的研究视

---

① 张曙光：《国家海外利益风险的外交管理》，载汪段泳、苏长和主编：《中国海外利益研究年度报告：2008—2009》，上海人民出版社 2011 年版，第 23 页。
② 李宏、李民等：《传媒政治》，中国传媒大学出版社 2006 年版，第 344 页。

野，成为各国政府在开展外交工作时不得不重视的领域。在国内外学者众多的论述中，关于媒体外交的特征分析还没有较全面的表述。在分析各国在各时期和媒体外交有关的案例的基础上，本书尝试提出当代媒体外交的几个基本特征，主要包括战略设计、媒体组合、执行人员和效果监测四个方面。

一、战略设计的不可或缺

在媒体外交发展初期，由于其危机公关的成功案例，媒体外交开始受到重视，但一时的重视并不是媒体外交工作的常态。理想的媒体外交工作，是得到政府高层重视，有专项资金支持，同时得到各方认可，并制订详尽的工作计划。由于外交工作的特殊性，加上对媒体传播效果的预测和评估工作有较大难度，媒体外交工作需要长期计划和中短期计划的有机配合。长期计划的时间跨度一般是3—5年，这就需要决策层在对外交形势和国内形势做好分析和预判后，做出合理且明确的安排和指示。在实际操作层面，中期计划和短期计划则是可以控制的环节。

在长期计划的层面，媒体外交工作不可或缺的就是战略设计。做出合理且明确的长期计划，是建立在对各方形势的详细调研和扎实分析基础之上的。在中国的对外关系中，中美关系和中日关系就是典型的需要有长期计划的类型，只要有战略层面的指引，偶然发生的危机就不会影响总体形势的发展。越是稳固的外交关系，越需要更多的中期和短期计划，这主要表现在包括经济、文化等在内的多领域交流与合作。

开展媒体外交工作与常规的新闻工作有一定的区别。常规的新闻工作是媒体以新近发生的事实为中心进行的多角度全方位报道，能满足受众对新闻的需求，同时还要兼顾评论、监督等职能。而媒体外交工作则是在政府外交战略的总体部署下，针对相关国家或地区进行有针对性的对外宣传活动，同时促进双方外交关系的进一步发展。只有充分运用传播学和政治学的基本原理，在开展媒体外交工作时才能做到有的放矢。"在伊拉克战争中，美国利用'喂新闻'和选择媒体的方式，对卡塔尔电视台进行围堵，对福克斯等美国本土媒体提供采访便利，使各国媒体虽'嵌入战争'但难窥其全貌，高度依赖美国国防部的安排和信息披露。"[1]再以2014年日本前首相安倍晋三在世界各地的演讲为例，安倍晋三利用访问和参加各类国际会议的机会在2014年发表15场以上的政策演讲，这些演讲大部分都围绕"安倍经济学"进行，可以明显看出安倍晋三在演讲中体现出的战略安排，2014年也成为安倍晋三在海外的"政策演讲年"。[2]

二、媒体组合的科学合理

媒体组合是媒体外交工作的一个主要特点，尤其是表现在大型出访活动，以及大国间外交关系的处理等方面。媒体组合这一说法常见于广告和公共关系等领域，并由此延伸出媒体组合策略、媒体组合战略等问题。以国家元首出访为例，出行前通常会在外交部例行记者会上吹风，国家元首有时也会在到访国主流媒体上发表领导人署名文章。访问通常也会成为媒体关注的焦点，接受媒体专访是必不可少的。但是由于出行访问期间行程通常很紧迫，选择接受什么类型的媒体访问，也是需要

---

[1] 李宏、李民等：《传媒政治》，中国传媒大学出版社2006年版，第356页。
[2] 卢昊：《2014年日本"战略性外交"动态监测及分析》，载李薇主编：《日本研究报告（2015）》，社会科学文献出版社2015年版，第207页。

斟酌的。

　　具体而言，媒体组合也是有规律可循的，科学合理是其最重要的特征。一方面，要重视传统媒体和新媒体的结合。在互联网时代，尤其要重视新媒体给外交工作带来的机遇和挑战。在新浪微博上，联合国及其相关国际组织、部分国家外交部开设了官方微博，时常更新并保持和粉丝的互动。另一方面，还要根据不同类型媒体的具体特征，注意媒介的组合和使用，以保证良好的传播效果。近年来领导人的出访活动，包括两国领导人见面、发表演讲、参加各类活动等，都有媒体通过电视直播、广播直播和文字直播等方式进行现场直播。在这个过程中，既要力求以高质量的直播第一时间把消息传递出去，还要注重多种媒体方式的立体组合以保证让更多受众获得有效的信息。

三、执行人员的灵活高效

　　媒体外交工作对执行人员的要求是很高的，执行人员既要懂外交，也要了解媒体的运作机制。外交场合也往往会出现一些突发状况，如何在面对突发状况时随机应变，做出科学合理的非程序性决策，同时还能不让媒体一边倒发出完全不利的消息，就需要各层级的执行人员在平时工作中做出预案，并能在突发状况处理过程中根据及时得到的反馈做出适当的调整。

　　从外交方面的执行人员看，1973 年，为了紧急寻求促使以色列军队从埃及和叙利亚领土撤军的方法，美国时任国务卿亨利·基辛格在 7 个月里多次往返于各方的首都，寻求达成有限的目标。① 基辛格前往中东斡旋时带有一个14人组成的记者团，他会很有技巧地以不同方式向记者们透露各种消息，通过记者们手中的笔来引导舆论。在这次成功的穿梭外交过程中，熟谙媒体运行规律的基辛格除了其出色的外交谈判和斡旋表现外，对媒体外交策略准确把握的能力也尤为突出。②

从媒体方面的执行人员看，1982年，泰德·特纳以私人身份赴古巴访问，当时紧张的美古关系让特纳和美国有线电视新闻网在古巴的拍摄活动并不顺利。在古巴棒球赛期间，特纳大胆决定进行直播活动，连续数小时将比赛期间的新闻传回美国。这样的举动对23年来两国关系的僵局是一次极有意义的破冰尝试，对参与者的灵活应变能力考验极大。

此外，在媒体外交开展过程中如何抓住一些能够吸引国外受众的细节也是比较考验智慧的。比如国家领导人出访前在对方国家媒体发表文章时，要顾及该国受众的接受特点，这样才能让重要观点和信息得到广泛传播。

四、效果监测的必不可少

在一般的外交研究文献中，提到效果监测的极少。通常在论述管理理论、风险管理、外交管理等问题时提到效果监测。媒体外交工作是建立在对国际形势精确分析的基础上做出的策略安排。效果监测和媒体外交策略是一脉相承的，既有顶层设计，也有策略与战略战术的配合，同时还有整个工作进程中的层层监管和效果监测。效果监测是媒体外交工作的重要环节之

---

① 李永志主编：《简明国际知识辞典》，世界知识出版社2014年版，第42页。

② 徐惊奇：《简论驻外记者与媒体外交的关系》，《新闻知识》2017年第5期。

一，此环节的良好运作，对媒体外交工作的成功开展有着积极的作用。

任何常规工作都面临循环的问题，一个阶段工作结束后将开始一个新阶段的工作，相关工作内容都是重复的，因此，将在上一段工作中出现的问题、经验、教训等进行总结，在新阶段的工作中有针对性地扬长避短，通常是理想的工作状态。对于非常规的工作，即外交领域中对突发事件的处理过程，更是积累工作经验的良好时机。如果能在常规和非常规的工作中，即时并有步骤地做好效果监测工作，一方面能对每一次行动有详细的测评和记录，同时也能给未来相关工作带来非常重要的启示。

媒体外交领域的效果监测工作如何开展，是一个非常现实的问题。将效果监测工作放入常规工作计划中，是基础的一步。这一方面表明对效果监测工作的重视，另一方面也能确保有相关经费预算做好这一工作。具体操作步骤中，做好详实的工作记录是必不可少的。另外，利用问卷调查、电话访问、网站调查等方式做好评估工作也是效果监测的基础环节。比如，"荷兰对公共外交效果的评估基本上是采取问卷调查的形式以及利用网站和一些咨询服务性机构来进行的。"[①] 只有做好了这些基础环节的工作，才能对开展的媒体外交工作效果有一个基本的了解，并依据权变理论的原理，做出相应的调整。

媒体外交工作的开展，需要从多个方面同时跟进，每一个环节的有效运行，都能对媒体外交工作的开展起到促进作用。比如信息源方面，政府作为信息源的主要出口，如何在信息公开和保证公众知情权的前提下有效利用自身作为信息源出口的

[①] 朱澄：《荷兰：源于创新》，载庞中英主编：《赢取中国心：外国对华公共外交案例研究》，新华出版社2013年版，第113页。

有利优势,能在一定程度上确保媒体外交工作开展的广度。除此以外,诸如新闻观念的贯彻、营销方式的运用、形象管理的开展等,都是我们理解媒体外交的有效维度。

第二节 媒体外交的表现形式

媒体外交的概念得以确立,还在于其在外交活动中以丰富的表现形式起到的推广作用。正是媒体外交活动形式的多样化,才让人们越来越意识到媒体和传播对外交活动的重要性。当政治家和相关外交人员娴熟运用各种媒介形式时,媒体外交已然得到了应有的重视。"现代的政治外交经常借舆论传播来进行,政治立场的表明、政策主张的提出必须借助舆论传播,当代国际政治可以说是实力政治与媒体价值判断宣传的双重结合物。强大的政治、经济与军事实力,一旦同时拥有强大的舆论宣传力量时,其强国的地位与影响,其左右世界的能力才算完备。"[1] 一般说来,一个国家总体实力较强,其舆论宣传部门和宣传力量也相应较强,但这并不表明舆论宣传和国家实力之间的必然关系。小国如果能充分认识到媒体的重要性,在媒体外交领域同样可以做出很好的表现。

表现形式方面,在当今时代,媒体外交主要指政府运用新闻、出版、无线电广播、电视、电影、录像带以及新兴的电子通信手段,宣传对外政策。[2] 媒介手段的多样性也丰富了媒体外交的表现形式。赵可金根据媒体外交运作的先后顺序,将媒

---

[1] 杨利芬主编:《渗透与互动:广播电视与国际关系》,北京广播学院出版社2000年版,第12页。

[2] 赵可金:《公共外交的理论与实践》,上海辞书出版社2007年版,第229页。

体外交的主要内容分为三个部分，即公共声明、公共信息活动和国际广播活动。在目前看来，这三个部分并没有完全涵盖媒体外交的所有表现形式。

总体上，媒体外交所依赖的媒介方式和新闻传播领域所运用的媒介方式基本是一致的，包括报纸、期刊、广播、电视等传统媒体，也包括互联网、手机等新兴媒体，还有新闻发布会、政治演讲、事件营销等非传统媒介方式。虽然在类型上很难简单归类，但只要有传播效果，能有效促进外交工作的开展的媒介方式，都应该被纳入媒体外交的表现形式。关于传统媒体，将在后面专章讲述，此处主要罗列一些非传统媒介方式和传统媒体中的特别方面。

一、对外广播

长期以来，广播在外交活动中起着举足轻重的作用，随着互联网的普及，广播逐渐退出媒体舞台的中心。在战争时期，广播曾让民众为之疯狂。二战期间，通过广播传出的英国首相丘吉尔的声音，一度是提振民心和士气的象征。外交舞台上，各国也通过多语言对外广播宣传自己的国家政策，以期让外国民众形成对于该国的正面且积极的国家印象。

二、新闻发布会

新闻发布会是公共关系活动中的主要活动方式之一，在现代政治外交活动中，已经开始广泛使用这一方式。"新闻发布会又称记者招待会，是指特定的社会组织或个人把有关新闻单位的记者邀请到一起，宣布有关消息或介绍情况，让记者就此提问,由专人回答问题的一种特殊会议形式。"① 通常,各国政府外交部门都有例行的记者招待会,有每天举行的,也有每周固定次数举行的,各国记者能通过新闻发布会在一定程度上掌握政府关于外交事件的态度和动向。

各国在遴选新闻发言人的时候也比较小心谨慎,尽量让一些谙熟国际局势、反应敏捷、有危机应对经验的专业人士来担任。"自2003年至今,中国政府已经初步建立起中央、省部级和地方三级新闻发言人制度,大量的日常新闻发布会方便了海外媒体记者接触高级别中国政府官员。"② 在联合国,新闻发言人也是举足轻重的角色。弗雷德里克·埃克哈德(Frederic Eckhard)是联合国前秘书长安南的首席发言人。"由于安南的亲民形象和他在联合国公共外交上的努力,弗雷德里克与民众的关系也逐渐拉近,工作成果显著。"③

三、宣传片与纪录片

宣传片和纪录片等形式区别于传统的报纸、广播、电视等媒体,它们并不会在固定的时段内刊播,通常是在某些特别的时空背景下推出。2011年,中国政府推出国家形象宣传片,包括《中国国家形象片——人物篇》和《中国国家形象片——角度篇》。《中国国家形象片——人物篇》片长60秒。"在纽约时报广场每小时播放15次,从每天上午6时至次日凌晨2时播放20小时共300次,从2011年1月17日至2月14日共计播放

---

① 于冉主编:《公共关系基础》,中华工商联合出版社2007年版,第93页。
② 赵启正主编:《公共外交战略》,学习出版社、海南出版社2014年版,第54页。
③ 王微:《联合国在华公共外交》,载庞中英主编:《赢取中国心:外国对华公共外交案例研究》,新华出版社2013年版,第164页。

8400次。每天约有170万人从纽约时报广场经过,这也意味着总计约有5000万人次观赏到中国国家形象宣传片。"① 如此高的播放频率,相信也让广大民众有了极深的印象。宣传片的单向传播特征比较明显,在制作过程中也要兼顾目标国受众的接受习惯。

"纪录片是国际交流一个很重要的片种,肩负着文化交流和对外宣传的双重使命。"② 作为2012年纪录片产业化发展的亮点的《舌尖上的中国》,"既创下了收视率0.55%的纪录,也很好地实现了纪录片的国际销售和国家形象传播"③。再以英国广播公司自然历史部和中央电视台控股的中视传媒合作拍摄的6集自然纪录片《美丽中国》为例,该片制作历时3年,于2008年5月在英国广播公司首播。2009年9月21日,该系列片获得第30届美国电视艾美奖新闻与纪录片类三项大奖:最佳自然历史纪录片摄影奖、最佳剪辑奖和最佳音乐与音效奖。④ 两国电视机构的合作开启了新的传播方式,当然,这部让外国人对中国产生极大兴趣的纪录片成功的秘诀还来自于创意、团队和经费三个方面的完美结合。

四、政治演讲

通过广播、电视等媒介,直接在公众集会的场合发表正式的政治演讲,也是媒体外交的重要表现形式之一。与国内政治

---

① 任建民:《中国国家形象宣传片亮相纽约》,《新闻天地》2011年第3期。
② 任金州主编:《电视外宣策略与案例分析》,中国广播电视出版社2003版,第201页。
③ 刘新传、冷冶夫、陈璐:《角色与认同:中国纪录片国际传播战略》,中国传媒大学出版社2014年版,第66页。
④ 冯欣:《动物纪录片研究》,社会科学文献出版社2014年版,第132页。

有关的著名的政治演讲，如丘吉尔对英国民众的演讲、罗斯福多次的"炉边谈话"等，都有效地推动了国内民众舆论的走向，起到了良好的宣传效果，丘吉尔的声音甚至一度被称为"二战中的三宝之一"。① 在外交方面，哈罗德·D. 拉斯韦尔（Harold D. Lasswell）曾经提到过演讲在宣传活动中的运用："争取中立国支持的最聪明的方法是将中立国引入某种形式的公开合作。如果其他一切都失败了，诉诸和平主义以及努力煽动与另外一个中立国的矛盾或许可以避免强烈的敌对情绪。在所有可利用的方法中，个人影响的运用尤为重要，通常的做法是利用中立者在中立国发表演讲。"② 这种演讲形式是利用个人影响力以尝试争取得到中立国民众的支持。在国家元首的访问活动中，发表政治演讲也成为惯例之一。政治演讲地点的选择会决定听众的差异性，但通过演讲表述执政理念或倡导两国关系良性互动，通常是此类型政治演讲中重要的内容。

五、事件营销

事件营销是公共关系领域常用的做法，但在国际关系领域，一国政府如果能借助相关国际国内大事的契机，如大型赛事、博览会、国际会议等，多方位运用国内外媒体的传播效应，也能起到事半功倍的效果，提高该国在国际上的知名度和认可度。事件营销可以被认为是一个国家"国家公关"或"国际公关"的主要组成部分。以日本1964年的东京奥运会和1970年的大阪世博会为例，两个大型活动的开展，加上政府的有效组

---

① 展江：《战时新闻传播诸论》，经济管理出版社1999年版，第148页。
② [美] 哈罗德·D. 拉斯韦尔著，张洁、田青译：《世界大战中的宣传技巧》，中国人民大学出版社2009年版，第135页。

织，为经济崛起中的日本在国际舞台上建立良好声誉起到了如虎添翼的作用。

事件营销考验的是政府和相关政治家的智慧。以2015年11月发生在法国巴黎的恐怖主义袭击为例，此事无疑对法国造成一定打击，其性质恶劣程度不亚于"9·11"恐怖袭击。时任法国总统奥朗德，在忙于国内事务的同时，还要担负起带领法国人民在危机中站起来的责任，并坚定地和各国一道反对恐怖主义。忙碌的穿梭外交和多种反恐措施的并举，也在一定程度上提升了奥朗德在民众中的支持率。

六、驻外记者活动

驻外记者是一国民众了解异国社会的窗口。随着全球化时代的到来，驻外记者团体也越来越庞大。一方面，驻外记者们可以通过自己的采访活动，把相关事件的报道第一时间发回国内；另一方面，他们也可以通过自己独特且专业的视角去观察驻在国的社会与文化，并将其分享给国内民众。中外历史上，有众多的关于驻外记者通过新闻报道或个人斡旋等方式影响外交进程的案例。无论是先后参与十场战争报道的英国战地记者拉塞尔，还是"中国人民的老朋友"埃德加·斯诺，都是驻外记者的典型代表。

如果驻在国政府能有效管理驻外记者并为他们提供采访上力所能及的帮助，同样也能对外交起到促进作用。当然，是否应当由政府出面，也是可以商榷的问题。日本的做法可以给我们一些启示：1976年，日本新闻协会和经济团体联合会共同出资设立了公益法人外国新闻报道中心，主要面向外国记者开展资料提供、国内视察、采访斡旋等服务。该中心此前一直是外务省设立单位，为外国新闻报道提供便利，但发达国家的媒体很多时候并不接受外国政府的邀请，因此需要设立一个能独立邀请记者的部门。①

七、媒体文章

在媒体上发表文章，这是最容易想到也是最方便操作的一种媒体外交表现形式。根据文章作者的不同来源，具体分为以下几种类型。第一，领导人以署名文章的方式在到访国的媒体上发表文章。此种类型文章通常阐述己方观点，力倡两国友谊。第二，各驻外机构大使或相关工作人员在驻在国媒体上发表文章。这类文章可以谈论对驻在国广泛议题的看法，增进相互了解并促进两国友谊。第三，评论员或媒体编辑部以时事评论或社论等方式在国内媒体上发表文章。虽然是在本国媒体上发表文章，但通过国际新闻或信息的流动，以及相关通讯社和媒体工作人员的编译活动，相关国家也能了解到一些较全面的观点和看法，以利于观察公众舆论和推测官方态度变化。第四，部分专家学者在国际政治、外交学等领域的国内外专业期刊上发表文章。这些专业性较强的文章通常会成为相关外交人员、研究者的的阅读材料，并有可能通过智库出版物、研讨会等途径影响外交决策层面。

八、智库

智库开展的二轨外交，被称为公共外交的"舆论领袖"，"不仅与政府外交相辅相成，而且是整个公共外交体系的智力

---

① ［日］金子将史、北野充主编，《公共外交》翻译组译：《公共外交："舆论时代"的外交战略》，外语教学与研究出版社2010年版，第116页。

和信息中心"①。在国际舆论场中,智库专家与媒体是一种相互依赖的关系。智库专家需要借助媒体发出声音,引导国际舆论,进而影响公共决策并实现自身影响力;与此同时,媒体也需要智库专家来佐证其新闻立场与观点,以体现媒体的可信度与权威性。②

以国内智库中国国际问题研究院为例,作为外交部直属专业研究机构,其负责人和研究人员经常接洽、会见外国政府领导人、外长、政府特使、司局长、驻华大使和其他外交官,通过非正式方式把中国政府的声音传递出去。③中国国际问题研究院在利用媒体传达声音方面表现活跃,既定期出版自己的中英文期刊,也在其官网上发表专家和学者观点,还经常接待各国的联合记者团体进行交流。

案例2-1 外国记者俱乐部与媒体外交

除了政府部门设置对外国记者的管理机构外,有些国家还设立有外国记者中心、外国记者俱乐部、外国记者协会等社会团体,其主要作用是为外国记者提供有关该国的新闻、资料及活动场所,联系安排采访活动,增进该国同世界各国的了解和友谊,代办各类证件等业务。④

外国记者俱乐部的有效运作,对于各国记者之间的沟通交

---

① 王莉丽:《智库公共外交:概念、功能、机制与模式》,《中国人民大学学报》2019年第2期。

② 吴瑛、徐惊奇:《中国智库:中国话语走向世界的重要一环》,《社会科学报》总第1628期第5版。

③ 胡正荣等主编:《中国国际传播发展报告(2014)》,社会科学文献出版社2014年版,第220页。

④ 赵晋:《中国的经验:如何管理外媒:关于我国对驻华外国新闻媒体和记者管理政策的效果解析》,研究出版社2013年版,第28页。

流大有裨益，能在一定程度上促进该国媒体外交工作的开展。以日本的外国记者俱乐部为例，日本外国记者俱乐部于二战结束后的 1945 年 10 月 15 日成立，正式名称叫作"社团法人外国驻日本记者协会"。该组织以促进日本和世界各国驻日记者间相互了解和友好为目的。中国驻日记者于 1979 年秋加入该俱乐部。① 日本外国记者俱乐部自创立起就成为外国记者最活跃的据点，是日本政府和企业对外发布消息的平台，被认为是日本对接世界的一个窗口。② 新华社驻日本东京记者王小鹏积极融入并加入了日本的外国记者俱乐部，"还成为了该俱乐部新闻发布会有史以来第一位来自中国的会议主席"③。

第三节　媒体外交的运作过程

媒体外交的运作是一个整体的过程，如果只是在某一次事件中单独运作，并不能起到良好和持续的效果。如前所述，媒体外交工作的开展，需要长期计划和中短期计划的有效配合。当然，并不排除在一些突发事件中运用危机公关原理处理媒体外交工作而取得良好传播效果的情况。

荷兰学者迪克的相关话语理论可以帮助我们理解媒体外交工作的系统性。他认为，话语的制作过程并非始于信息的开始输入，它的发端可以追溯到局势模式：人们知道（或需要知

---

① 《外国新闻界概况》编辑室编：《外国新闻界概况》，新华出版社 1982 年版，第 35—36 页。
② 王小鹏：《从参与到介入：一名驻外记者怎样融入所在国媒体核心圈——新华社驻日记者的 FCCJ 之旅》，《中国记者》2012 年第 7 期。
③ 马奇炎、周哲：《发现消息源：国际新闻报道的最前线》，中国传媒大学出版社 2019 年版，第 118 页。

道）事件的真相，并在传播的框架内产生发生言语行为的意图，如做出判断或提出请求，以这种方式把他们对这个事件的认知模式传达给受众。相关的宏观结构都源自从局部控制制作过程的模式。① 局部构成整体，要形成良好的媒体外交工作局面，还源于外交部门和涉及媒体外交工作的各类主体之间的积极互动与合作。回到媒体外交工作，详细分析内外部环境是前提。通过对形势的客观分析，采用科学的决策方法产生相关工作方案，并最终确定可以选用的方案。在实施工作方案的过程中，也会遇到各种不确定的因素，需要适时调整。此外，媒体外交工作的评估、反馈与修正也是必不可少的环节。

  关于媒体外交的运作过程，《公共外交概论》一书认为，其包括两个密切联系的阶段：第一阶段是有效地运作该国的大众传媒，通过自制和他制真正保持政府口径的一致，形成一个声音的局面；第二阶段是积极运用他国大众传媒，通过直接与外国媒体交流、大众传媒之间的合作、信息管理等方式，有意识地影响他国媒体的报道倾向和报道重点，进而影响外国民众和政府决策过程。② 这一说法强调媒体合作和信息管理，以及对外传播口径的统一问题，指出了媒体外交的最终目的是影响外国民众和政府决策过程。

  我们还可以参考公共外交政策制定的步骤。朱澄认为其包括五大步骤，分别为分析双边关系及当地公众对某国的印象，构划公共外交目标，确定公共外交政策的主要目标群体，针对

---

① ［荷］托伊恩·A.梵·迪克著，曾庆香译：《作为话语的新闻》，华夏出版社2003年版，第109页。
② 韩方明主编：《公共外交概论（第二版）》，北京大学出版社2012年版，第172页。

目标群体进行主题选取，以及公共外交工具选择。① 结合媒体外交工作的具体范围和特点，借鉴各国公共外交领域的成功案例，本书尝试梳理出媒体外交运作过程的五个基本环节。

一、分析外交形势

分析外交形势的目的是判断媒体外交实施的可行性，具体包括采用SWOT（态势）分析法等方法对一国外交面临的内部、外部环境做详细的分析，得出当前开展媒体外交工作的必要性的结论。

二、做出相应计划

在目标设定方面，本着效率和效益的原则，有必要根据计划的特点，制定出各时期计划，做到中长期目标和短期目标的有效结合，这样才能保证媒体外交工作的开展。计划，通常是对预计将要发生的事情或举行的活动做出相应方案，此处所指的计划也主要指这个方面。需要指出的是，由于国际局势风云多变，有些紧急情况或危机事件是不能预期的，在特殊情况下要做出合理的计划显然是不现实的，这就需要在常规计划阶段对相关特殊情况做出预测，并做好相应预案。

三、制订具体方案

与包括高级顾问、智库、社会组织等在内各方的广泛合作，

---

① 朱澄：《荷兰：源于创新》，载庞中英主编：《赢取中国心：外国对华公共外交案例研究》，新华出版社2013年版，第112页。

采用个人决策和集体决策相结合的方式，综合运用多种决策方法，尽量多出方案，通过综合全面评估做出合理决策。在制定具体方案的过程中，可以选择采用头脑风暴法、名义小组法、德尔菲法等，以增加各种方案的有效数量。有效且可行方案的推出，才能保证媒体外交中决策过程的开展。

四、执行选定方案

从若干给定方案中选择一个的过程，就是管理活动中的决策。最终选定并执行的方案，就是国家领导人或外交机构在外交活动中最终所采取的媒体外交方式。在执行过程中，依据美国管理学家德鲁克目标管理理论的原理，对于遇到的问题或变化，可以做出适当的调整，以保证执行的有效性。

五、反馈与修正

反馈和修正的步骤尤其不能忽略，以防止在未来的外交活动中犯同样的错误，同时还能查漏补缺，以优化相关程序。外交工作有不可预测的特点，是一个不断遇到新情况新问题，不断解决问题的过程。在每一次新问题的处理过程中及时的反馈与修正，不但有助于问题的圆满解决，而且还能为未来的外交工作积累经验。

英国开展公共外交的历史相对长久，针对英国公共外交的开展情况，英国于2002年发布了一份评估英国公共外交的报告——"威尔顿评估报告"。该报告特别强调了一个细节，即"英国的公共外交缺乏科学的效果评估和过程监督，因此建议英国成立监督和评估的机构"①。这里凸显出监督和评估的重要性。监督和评估属于反馈工作的一部分,在此基础上,我们还需要做的就是及时调整和修正。

案例2-2 领导人署名文章与媒体外交②

国家政要在出访前和出访期间发表署名文章一直是国际上常见的做法。作为一种媒体外交的创新形式,相较于传统的领导人接受媒体联合采访和发表演讲,署名文章把想表达的内容直接写到文章里,在内容上更能体现一国的外交政策和思路,也能避免口头演讲可能带来的误读。

署名文章作为一种表现方式,基于主动将部分和外交相关的观点和思想直接发布于媒体,有学者将其归纳为独白式媒体外交的类别。独白式媒体外交主要指"国家政府及其代表通过本国或外国媒体,向外国公众发布宣言、声明等官方信息,从而影响外国公众及其政府决策"。"在全球传播语境下,独白式媒体外交还包括权威媒体通过发布社论,具有影响力的个人通过国际性媒体发表文章或观点来影响外国公众对本国的看法,从而影响其政府的政策。"③

媒体在外交活动中可以扮演"中间人"(也可以称为"调停者")的角色,促成政府与公众间的直接或间接互动,从而化解危机,促进和加强国际合作。通过媒体的有效宣传,让国

---

① 戚晓旭:《英国:重塑不列颠》,载庞中英主编:《赢取中国心:外国对华公共外交案例研究》,新华出版社2013年版,第22页。

② 徐惊奇、李亚月:《领导人海外署名文章与媒体外交》,《青年记者》2016年第32期。

③ 陆佳怡:《媒体外交:一种传播学视角的解读》,《国际新闻界》2015年第4期。

家和民族文化走出国门，让各国民众更加直观地了解一个国家。署名文章的发表，能有效地促进一国媒体外交工作的开展。署名文章在媒体外交的形式方面一定程度上改变了国际社会对一国传统发声方式的固有看法，在内容方面更加符合受访国公众的思维习惯，从而更好地被外国公众所接受。

本章思考：

1. 通过具体案例分析媒体外交的运作过程。
2. 如何判断驻外大使参与媒体外交工作的有效性？
3. 如何开展对媒体外交工作效果的监测？

第三章 媒体外交的发展历史

在当代，公共外交活动受到各国的普遍重视，媒体外交活动也开始得到重视。本章主要从历史发展角度梳理媒体外交在各国的发展情况，同时选取了美国、英国等国的媒体外交发展情况做详细分析，管中窥豹，以期了解媒体外交的发展历史及趋势。

第一节 媒体外交发展历史概述

在绝大多数的外交活动中，媒体都扮演着重要的角色。"一方面，媒体扮演外交活动的传播者，报道外交事务，反映和呈现外交的现实图景；另一方面，媒体也影响和干预外交活动，促进媒体所属政府外交意图的实现，成为外交活动的重要组成部分。"[1]

1971年春，第31届世界乒乓球锦标赛在日本名古屋举行，比赛期间发生了一个插曲，美国运动员科恩不小心坐上了中国运动员的班车。"为了打破彼此沉默的尴尬，庄则栋主动送给

---

[1] 卿志军：《构建南海命运共同体的媒体外交作为》，《传媒》2020年第13期。

他一份礼物。这条爆炸性新闻第二天被日本各大报纸头条登出，并配以大幅标题《中美接近》。"① 这样的偶发事件并不能被预测，但媒体的报道无意中开启了改善中美关系的大门，周恩来对庄则栋的做法大加赞赏，还任命他为此后赴美国交流的中国乒乓球代表团的团长。此事件可以概括为媒体外交中媒体作为调停者的一类。

自约瑟夫·奈提出软实力一词，加上公共外交在各国外交中的普遍使用，媒体外交实践及研究开始呈现频繁且活跃的特征，具体表现在以下三个方面。

首先，各国对媒体外交的普遍重视。当代社会媒体技术日新月异，随着公共外交活动的广泛开展，媒体外交逐渐兴起。无论是专设公共外交机构，还是设立相应分管公共外交的负责人，抑或是开展各种主题鲜明的文化交流和推广活动，我们都能明显感觉到近年来各国对公共外交的重视。在重视公共外交活动的同时，媒体的使用策略得以凸显，并开始广泛应用于相关的外交活动中。

其次，发展基础和发展程度不一。由于各国的总体实力和国情的差异，媒体外交在各国的发展基础和普遍使用程度也有差别，在美国、英国、日本、以色列等国处于相对成熟的阶段，而在德国、俄罗斯等国则处于发展中的阶段。

最后，媒体外交在突发外交事件中表现较为突出。由于国家利益之争，国际关系领域往往不能做到风平浪静。一旦发生突发事件，媒体总能在其中扮演重要的角色。在危机决策时期，"媒体往往成为最迅速、最主要甚至是唯一的信息来源"②。战争期间，政府宣传部门对媒体的熟练运用将大大促进外交关

---

① 李宏、李民等：《传媒政治》，中国传媒大学出版社2006年版，第361页。
② 韩召颖：《美国政治与对外政策》，天津人民出版社2007年版，第411页。

系的发展。互联网时代，各国政府领导层开始更加重视网络传播在国际事务传播上的重要性。以部分欧洲国家针对严峻形势采取的互联网管理措施为例，欧洲刑警组织成立了一个小组来封杀激进分子的社交媒体账号，法国通过《紧急状态法》修正案授权政府可在紧急状态下关闭不良的社交网站，德国司法部成立专项工作小组负责网络仇恨类信息管理事务。[①]

对媒体外交的研究近几十年才兴起，在学术研究之前，媒体外交的发展历史到底是怎样的？

一、媒体外交萌芽时期

古代有媒体外交吗？这是我们需要探讨的第一个问题。古代有外交活动，也有公共关系的雏形，还有国家形象塑造的说法。综合几方面的材料，我们可以尝试梳理媒体外交在古代的基本发展情况。

说到西方外交发展的起源，无一都会提到古希腊、古罗马，以及中世纪的外交发展历史。在这些国家和特定时代的外交史中，媒体并没有占据重要的位置，因为媒体本身在那个年代并没有得到长足发展，但从一些特定的称谓中我们仍然可以发现广义的媒介在外交发展中的重要作用。比如神话外交、神权外交等后世总结出来的外交形式，都强调了在国际交往中所依赖的媒介基础或手段，这种手段是广义的，并非我们通常理解的狭义的传统媒体的各种样式。此外，中世纪及以前的外交活动还主要表现为对使节和商队的倚重。比如古希腊各城邦要求使节能言善辩、声音洪亮、学识渊博，要公开向所到城邦的议会

[①] 丁波涛等：《新时代智慧社会建设研究》，上海社会科学院出版社2019年版，第68页。

陈述自己的使命。① 使节们一方面要传达情报，另一方面还得是实力雄厚的演说家。外交使节原本是外交活动中的重要组成部分，但对于其演说和思辨能力甚至应变能力的强调则体现出外交活动中对于媒介运用和公共关系能力的重视。

在早期的外交历史中，秘密外交是主要方式。"在秘密外交时代，鉴于当时的外交实践主要依靠职业外交人员的沟通和谈判实现，传播维度主要指向了微观的语言（language）层面，'communication'偏向于'沟通'的含义。"② 总体来说，由于被媒介形式尚不完备的相对初级的发展阶段所限，在古代外交史中并不存在标准意义的媒体外交形式。但不可否认的是，广义的媒介形式在外交关系发展中依然得到了广泛的运用。

二、近现代的媒体外交

媒体外交作为一种重要外交形式，在各类战争中使用较为频繁。仅就两次世界大战而言，媒体在战争中的重要性就体现得相当充分，在此基础上，媒体外交作为一种现象开始崭露头角。拉斯韦尔在其博士论文《世界大战中的宣传技巧》中着重分析了媒介在战争中的具体表现，分别罗列了参战各国所采用的各种媒介方式，同时也尝试分析了各种媒介方式所产生的宣传效果，其中，也有涉及媒体在外交活动中的作用的分析。在战争中熟练运用媒体的宣传家们是战争进程中的活跃分子。"当观众相信，是敌人发动的战争，并且是他们阻碍了永久的、

---

① 杨闯主编：《外交学》，世界知识出版社2010年版，第27页。
② 陆佳怡：《媒体外交：一种传播学视角的解读》，《国际新闻界》2015年第4期。

有力的以及神圣的和平时,宣传家就已经实现了他的目的。"①在战争中,围绕媒体的各类宣传工作是指挥官们比较热衷的工作之一。第一次世界大战爆发以后,英国通过对美国的社会舆论施加影响,试图使美国赞同协约国所主张的"大义"。② 在战争进行过程中,建立在媒体运用基础上的宣传和舆论引导,也是在外交活动的幕后同时开展的。

冷战时期,美国新闻署作为媒体外交活动中最典型的机构,表现也同样活跃。美国新闻署成立于1953年,其主要任务是向外国介绍美国社会、经济、政治、文化情况及美国政府的内外政策,同时负责搜集外国对美国重大政策和举措的反应,供总统及国务院参考。③ 美国新闻署的主要活动围绕四个方面展开,分别是国际传播、对外广播、文化展示和人员交流。美国新闻署在世界上140多个国家的200多个地点展开信息和教育活动,是行政部门内部一家独立的高层外交机构,直接向总统报告工作。④ 美国新闻署在驻外使领馆中有其派驻机构,即新闻文化处。"在美国驻各国的大使馆内,美国新闻署的主要官员就是公共事务官员。他们向大使和其他外交人员就影响美国利益、政策、使馆的运转以及和所在国关系等相关公共关系事务提供建议。"⑤ 仅从业务范围和运作模式方面就能看出其将信息、媒体和外交几个要素紧密结合的思路。黄友义指出,美国

---

① [美]哈罗德·D.拉斯韦尔著,张洁、田青译:《世界大战中的宣传技巧》,中国人民大学出版社2003年版,第73页。
② [日]渡边靖著,金琮轩译:《美国文化中心:美国的国际文化战略》,商务印书馆2013年版,第9页。
③ 刘绪贻、李世洞主编:《美国研究词典》,中国社会科学出版社2002年版,第593页。
④ [美]斯科特·卡特里普等著,明安香译:《有效的公共关系(第8版)》,华夏出版社2002版,第411页。
⑤ [美]斯科特·卡特里普等著,明安香译:《有效的公共关系(第8版)》,华夏出版社2002版,第412页。

新闻署在其独立存在的46年时间里,紧密配合美国的外交政策,出色发挥其国际传播和交流之功能,为在国际上树立美国的正面形象,宣讲美国的故事,传播美国的价值观,诋毁其敌人,诬陷其对手,最终为美国赢得冷战立下汗马功劳。①

三、新世纪的媒体外交

近年来,随着互联网技术的长足发展以及人们对手机等通信工具的熟练使用,媒体外交表现出新的发展趋势和特点。无论是各国政要还是民众,其工作生活中都离不开传统媒体或新媒体。媒体外交工作的开展,拉近了政府、媒体和民众三者的关系。现今的公共外交工作也尤其重视对媒体的运用。"鲜活而有生命力的公共外交,应是在承认文化多样性、国际受众多元化基础上,根据特定国家、特定受众群体而进行的多层面、多视角、平行互动、循环提升的立体式传播。"②

在21世纪,各国政要在出访活动时都高度重视媒体及宣传对于外交关系的重要作用。在出访前有媒体的造势,出访时有随行的记者团进行即时报道,以及在到访国的主流媒体上发表署名文章、接受电视或电台记者访问等,绝大部分报道都是建立在多种媒体组合策略下的有利于出访国的报道。此外,在遭遇可能会给一国外交带来不利影响的突发事件或争议事件时,相关外交部门和外交决策群体也倾向于利用自己作为唯一信源的有利地位,引导媒体做出有利于自己的报道。在特殊情况下,我们还可以看到驻外外交人员在驻在国媒体上以发表署名

---

① 黄友义:《从美国新闻署的兴衰看美国公共外交的演变》,《公共外交季刊》2010年第3期。
② 赵鸿燕、何苗:《外国驻华使馆"微博外交"及其启示》,《现代国际关系》2013年第8期。

文章或者参加电视辩论节目等方式来发出声音。此外，也可以看到部分官方和非官方的智库通过各种平台发布对不同外交政策的评论，这些评论对引导民众舆论的作用不可小觑。

在21世纪，互联网已成为各国开展媒体外交工作的主要阵地，微传播、微博外交、新媒体外交等说法逐渐为民众熟悉并接受。近年来，各国政府驻华机构、联合国及相关国际组织、部分外国政要纷纷开设新浪微博并频繁和粉丝互动，比较活跃的有以色列驻华使馆、美国驻华大使馆、英国驻华使馆、联合国等。同时，中国外交部也积极回应，外交部公共外交办公室通过官方微博"外交部"向民众推广外交知识，力争做好民众和外交之间的桥梁纽带。以色列驻上海领事馆的官方微博曾做过一次成功的微博外交活动：20世纪20年代，一位居于上海的犹太裔摄影师在上海拍摄了不少照片。以色列驻上海领事馆通过微博发起"老照片寻人"活动，吸引国内众多微博网友的关注，最终找到了老照片中的6位当事人，并将他们邀请到了新闻发布会现场。[1]

此外，社交媒体也是各种力量博弈的舞台。2009年伊朗动乱期间曾出现过这样的情况，美国国务院认为推特非常重要，向推特发去一封邮件，请求延迟其全球网站的例行维护，因为当时许多伊朗人正利用推特传递信息，并向外界介绍德黑兰的抗议活动，推特方面满足了美国国务院的请求。美国国务院的这封邮件和推特方面的反应被认为是"美国网络外交发展的重要标志"，因为互联网相关服务在其中发挥了重要的外交层面的作用。[2]

---

[1] 邓建国：《管窥外国在华政务微博》，《对外传播》2012年第5期。
[2] 汪晓风：《网络战略：美国国家安全新支点》，复旦大学出版社2015年版，第175页。

新世纪的媒体外交,越来越重视技术的灵活运用,甚至可以认为互联网外交是媒体外交的典型形式。在未来,随着社交媒体在民众中的广泛运用,媒体外交将更加活跃于外交领域。

案例分析3-1　拉斯韦尔与《世界大战中的宣传技巧》

拉斯韦尔,美国政治学家,被公认为传播学四大先驱之一。拉斯韦尔于1926年以学术论文《世界大战中的宣传技巧》获得芝加哥大学博士学位,同名著作于1927年出版,拉斯韦尔由此成为宣传分析研究的创始人。拉斯韦尔曾在1923—1925年赴欧洲多所大学从事研究,访问了一些与宣传及世界大战有关的学者和政府官员,并查阅了大量文献资料。① 《世界大战中的宣传技巧》重点对一战时期各国的宣传信息进行了定性内容分析。②

E. M. 罗杰斯认为,拉斯韦尔关于政治传播和战时宣传的研究代表着一种重要的早期传播学类型。③ 阿芒·马特拉等人认为,《世界大战中的宣传技巧》一书是大众传播理论体系的开山之作。④ 在众多的传播学历史著作中,拉斯韦尔及其著作都会被提及并重点介绍。

由于拉斯韦尔开创性的研究,学者对战争与新闻关系的研究逐渐成为研究热点之一。在《世界大战中的宣传技巧》一书

---

① [美]哈罗德·D. 拉斯韦尔著,张洁、田青译:《世界大战中的宣传技巧》,中国人民大学出版社2003年版,译者序第3页。
② 蓝大千:《评哈罗德·德怀特·拉斯韦尔著〈世界大战中的宣传技巧〉》,《近现代国际关系史研究》2018年第2期。
③ [美]E. M. 罗杰斯著,殷晓蓉译:《传播学史——一种传记式的方法》,上海译文出版社2002年版,第243页。
④ [法]阿芒·马特拉、米歇尔·马特拉著,孙五三译:《传播学简史》,中国人民大学出版社2008年版,第18页。

中，拉斯韦尔将研究的重点放在第一次世界大战中的宣传信息所使用的符号上，包括交战双方所使用的报纸、宣传手册、传单、书籍、海报、电影、图片等等。他对战时宣传的研究既关注宣传过程，也致力于探索出一个对内容分析有用的分类体系，即如何动员起人们对敌人的仇恨，如何保持与同盟国以及中立国的友谊，如何瓦解敌人的斗志。① 以英国的传单宣传为例，第一次世界大战的最后半年，在德军前线和后方，英国用飞机和气球投下的传单达1830万张。② 强大的宣传攻势对于已经失去胜利希望的德军士兵起到了良好的宣传效果。

拉斯韦尔认为，宣传通过操纵社会暗示来控制公众舆论和态度，宣传、军事和经济同为一个国家取得战争胜利的三大工具。③ 正是由于各方对第一次世界大战中战争与宣传的深入研究，在后来的冲突和战争中，媒体和宣传越来越成为战争各方关注的焦点。

第二节　美国的媒体外交

美国的媒体外交工作大多是由美国新闻署实施的。美国新闻署于1999年并入国务院之后，媒体外交工作主要由国务院主导。在美国进行的大量公共外交活动中，都能找到媒体外交的活跃表现。赵可金认为，美国的公共外交活动主要包括十种方式：组织记者招待会，发表公共声明；发布公共信息，传播

---

① ［美］哈罗德·D. 拉斯韦尔著，张洁、田青译：《世界大战中的宣传技巧》，中国人民大学出版社2003年版，译者序第5页。
② 关世杰：《国际传播学》，北京大学出版社2004年版，第495页。
③ ［美］哈罗德·D. 拉斯韦尔著，张洁、田青译：《世界大战中的宣传技巧》，中国人民大学出版社2003年版，第22页。

消息；提供国际广播服务；世界网络电视；促进学术和专业交流；组织公民交流；文化外交；政治公关；公共活动；政治发展和社会发展。① 在这十种方式中，与媒体直接相关的有四种，间接相关的有六种，可见美国的公共外交活动和媒体运用之间的密切关系。刘坤喆认为，美国媒体具有五个方面的外交功能：传递国际间的外交信息，设置政府的外交议程，监督政府的外交行为，改变政府的外交决策以及充当政府的外交代言人。② 这五个方面的功能也可以理解为媒体在美国媒体外交工作中所承担的具体任务。

关于美国公共外交的特点，美国学者尼古拉斯·卡尔（Nicholas Cull）分两个时期进行过说明。他认为："冷战时期公共外交的特点是实施从上向下的体制，由政府通过一系列耗资巨大的活动向外国公众传播信息，具体做法包括开展国际广播、举办展览和设立图书馆等。而冷战后的公共外交特点则表现为：建立一种新技术支持下的人与人之间联系的国际网络；社会组织、国际机构、公司、个人与政府一道成为公共外交的实践主体；开展大量即时性的信息传播，而信息也不再具有十分清晰的对内和对外界限。"③ 两个时期的公共外交工作主要建立在信息和传播的基础上，形式上更是离不开包括国际广播在内的媒体的中介作用。

在媒体外交的具体操作方面，沈国麟认为："美国政府在外交上的媒体宣传是全方位的、立体式的。特别是在冷战中，

---

① 赵可金：《公共外交的理论与实践》，上海辞书出版社 2007 年版，第 290—291 页。
② 刘继南等：《国际传播与国家形象：国际关系的新视角》，北京广播学院出版社 2002 年版，第 183—192 页。
③ 黄友义：《从美国新闻署的兴衰看美国公共外交的演变》，《公共外交季刊》2010 年第 3 期。

美国白宫、国务院、五角大楼和中央情报局等机构都公开地或秘密地利用本国媒体或外国媒体为美国的外交政策、国家利益服务。"① 以战争中的媒体运用为例，美国在战争中对于媒体的干预策略也有一个发生、发展的过程。越南战争在让美国政府深陷泥潭的同时，也让其意识到媒体在战争中的重要作用，引导方向和策略的不同，所得到的传播效果也远远不同。

1983年，入侵格林纳达是美国自越战失败以后第一次大规模的对外军事行动。"美军登陆格林纳达48小时之后，才有一支15人组成的记者团由美军'护送'上岛。随后每天记者的数量都在增加，到了第五天已经允许自由报道，但是事实上侵略在48小时内就已经结束了。"② 美国军方吸取了在越南战争中的"教训"，开始对媒体采取一些有技巧的引导。通过所谓的引导策略——拖延采访时间，军方既让记者们行使了采访的权利，也不用担心对美方不利的消息的传播。到1991年海湾战争时美国开始严格监控媒体，2003年伊拉克战争时更是"创造性"地采取了"嵌入式采访"的做法来控制媒体。这些对媒体引导策略的采用并没有对外交产生直接影响，但的确避免了因为媒体报道内容而可能导致的外交危机。"一般来说，美国的战时新闻管制主要采取三种办法，即新闻阻断、新闻约束、集体采访。"③

谈到美国媒体外交的参与者，则具体包括政府决策部门、媒体、著名媒体人士、智库、驻外记者等。以和媒体关系密切的公众舆论为例，有学者分析了和20世纪60年代末70年代初

---

① 沈国麟：《控制沟通：美国政府的媒体宣传》，上海人民出版社2007年版，第160页。
② 韩召颖：《美国政治与对外政策》，天津人民出版社2007年版，第425页。
③ 张国庆：《媒体话语权——美国媒体如何影响世界》，中国人民大学出版社2012年版，第125页。

尼克松时期的对华政策有关的公众舆论，发现"公众舆论在一定程度上对尼克松对华政策的形成起了支持的作用，正是这些公众舆论促使尼克松冷静地思考对华关系，鼓励他作出大胆决策，同时，他也巧妙地利用公众舆论作为导向，而使他的对华政策顺利出台"。①公众舆论的形成和传播与新闻媒体密切相关，记者的采访活动和媒体报道也成了外交决策中的重要一环。

再以美国的智库为例，这个部分在媒体外交论述中通常容易被忽略。以兰德公司为例，该公司于1948年作为一个非商业性独立企业成立。在其注册证明文件中有公司使命的说明："公司致力于促进科学、教育及慈善事业领域目标的实现，致力于美利坚合众国的社会安定。"②兰德公司下属有一个国家安全问题研究处，其主要职能是执行美国国防部下达的任务。该处开展的研究项目多和外交、军事有密切关系，如军需人力资源、军工技术、国际力量战略分析、宇宙问题、东欧及近东局势、风险应对策略等。关于冷战期间的苏联问题，"1981年五角大楼责成兰德公司详细拟定了'利用亲西方调停者在第三世界国家采取行动的战略'"。③以兰德公司为代表的美国智库在媒体外交领域发挥了重要的作用，凸显出公共外交的软权力向度。④

美国开展媒体外交的优势，即雄厚的资源。美国拥有英语世界里主流媒体的强大话语权，在互联网资源上也有着很大的

---

① 何慧：《浅析公众舆论于尼克松对华政策的影响》，《世界历史》1999年第5期。
② ［俄］亚·舍维亚金著，李锦霞等译：《苏联灭亡之谜》，东方出版社2011年版，第114页。
③ ［俄］亚·舍维亚金著，李锦霞等译：《苏联灭亡之谜》，东方出版社2011年版，第116页。
④ 胡腾蛟：《美国公共外交史论》，世界知识出版社2018年版，第262页。

优势。"9·11"事件发生后,布什政府于2002年成立了全球外交办公室、战略影响办公室和全球传播办公室,以集中资源进行关于反对恐怖主义的信息宣传工作。

同时,操作手法的灵活也有助于促进传播效果。以美国新闻署为例,美国新闻署尤其注重传播技巧和手段的改善和与时俱进。1984年,随着卫星电视在国际上的普及,美国新闻署及时创办了国际网络卫星电视节目,通过直播领导人的电视对话、官员访谈、学者辩论等形式与欧洲受众展开沟通交流。[①]

美国的媒体外交优势还体现在其新闻管理能力上。在面临突发事件或者需要进行危机公关时,政府能够通过对媒体资源的有力引导和调控来进行应对。"'9·11'事件之后不久,美国联合英国和巴基斯坦分别在华盛顿、伦敦和伊斯兰堡建立'联合信息中心',为美国的反恐工作提供了有力的信息保证。该机构由华盛顿、伦敦和伊斯兰堡的信息专家组成,事实上是在全球范围内建立了一个针对反美新闻进行回应的快速反应网络,在全世界展开对阿富汗战事集中宣传和报道,控制舆论主导权。"[②] 同时,在引导媒体报道倾向方面,美国政府也是"用心良苦"。"美国国务院还为外国记者尤其是穆斯林记者提供新闻媒体旅行的便利,积极邀请阿拉伯记者走进美国,让他们理解美国文化,引导、说服他们宣扬美国的价值观。"[③]

[①] 黄友义:《从美国新闻署的兴衰看美国公共外交的演变》,《公共外交季刊》2010年第3期。

[②] 李德芳:《全球化时代的公共外交》,中国社会科学出版社2014年版,第106页。

[③] 李德芳:《全球化时代的公共外交》,中国社会科学出版社2014年版,第106页。

第三节　英国的媒体外交

二战期间，英国曾协助美国记者在伦敦进行战争报道。"其中最为美国公众熟知的，是美国记者爱德华·默罗在弹片横飞和浓烟弥漫的伦敦街头，站在一间普通民居的屋顶上向美国公众发回的'你好，这里是伦敦'的广播节目。该节目直接推动了一度安于中立的美国人逐渐思考自己结束战争的责任。"① 这是英国的一次成功的媒体外交实践。这里强调的是媒体参与战争并引发民众思考的能力。由于英国媒体发展历史悠久且媒体制度较成熟，通过分析英国的媒体参与政治的案例也能帮助我们理解媒体外交的实质。

媒体总能在"需要的时候"发出声音，一旦公众的情绪被点燃，政府的决策就不得不考虑公众情绪和舆论走向了。20世纪80年代初，阿根廷收复了马尔维纳斯群岛，随后，英国的媒体为"大英帝国"又失去了一块大蛋糕而痛心疾首地痛斥阿根廷是侵略，鼓动政府一定要收回失地，把英国公众的民族情绪燃烧得烈火熊熊。很快，英国就组建了一只庞大的特混舰队，万里迢迢南下，一举夺回马尔维纳斯岛。② 当然，在特定的战争动员时代，媒体的作用体现得更为明显。需要指出的是，媒体关于外交相关信息的过度曝光也会给外交工作带来一定的挑战。

英国向来重视公共外交，最典型的活动当属英语教学在世

---

① 赵启正主编：《公共外交战略》，学习出版社、海南出版社2014年版，第51页。

② 李宏、李民等：《传媒政治》，中国传媒大学出版社2006年版，第361页。

界范围内的推广。英国自20世纪30年代开始在各国开展多种文化交流活动,主要归功于成立于1934年的不列颠对外关系委员会,后来更名为英国文化协会。英国文化协会是非政府组织,但自1935年英国外交部首次资助其5000英镑起,英国政府就成了这个非政府组织的运作资金提供方。除了提供资金支持,英国外交部还要监督和保障英国文化协会的正常运作。"这种独立性有助于英国文化协会更好地实现长期的公益目标,并且当双边关系紧张时,能够发挥自身独特的作用。"[1] 除了独立性,还需强调的另一个特征是灵活性。"这种官方与非官方机构相结合的文化外交推介机制不仅避免了因政府干预过多而产生'文化侵略'的嫌疑,也使得英国的文化外交具有更大的灵活性。"[2]

　　了解了英国文化协会性质和资金来源之后,我们再通过其在媒体方面的运作来分析英国文化协会对于媒体外交方面做出的贡献。以2003—2004年英国在中国北京、上海、广州和重庆四个城市举行的"创意英国"大型宣传推广活动为例进行分析。"创意英国"活动可以说是英国公共外交中运用媒体的很聪明的做法之一。在众多关于公共关系、国际营销、文化营销等领域的论著中,都把"创意英国"活动当成一个经典案例来分析。"创意英国"开展的系列活动的确起到了良好效果,让人们对英国的国家形象大有改观。"创意英国"活动开启了国与国之间交流的新模式,它区别于单纯的互派文化团体或是举办展览活动等常规做法。

　　在"创意英国"系列活动中,我们可以发现策划在公共外

---

[1] 吴泽林:《英国对华新公共外交:以英国文化协会为例》,《国际论坛》2012年第5期。

[2] 李德芳:《全球化时代的公共外交》,中国社会科学出版社2014年版,第115页。

交和媒体外交工作中的重要性。具体到媒介的运用方面,"创意英国"活动有如下几点出色的表现:首先,战略制定精准。主办方在定位目标人群方面较为精准,他们选择的目标人群是16—35岁且受过良好教育的年轻人。基于目标人群的限定,媒体设计就更有针对性。其次,清晰的媒体组合策略的使用。此处的媒体可以理解为广义的媒体,除了有传统媒体参与,"创意英国"活动还通过发放各种宣传小册子,举办音乐会、各类型竞赛和论坛等活动扩大影响。最后,依传播效果随时调整传播方式。尤其是在遭遇一些突发状况时,动态调整传播方式和媒体组合更有利于提升传播效果。

案例分析3-2 以色列的媒体外交

以色列向来重视媒体在外交活动中的重要性。以色列政府专门在总理办公室下设立国家信息指导司来推动媒体外交工作,这样就能最大程度保证快速接收全面信息并做出快速应对。以奥巴马和教皇访问以色列期间的外交活动为例进行说明。访问期间,大量境外媒体在以色列设立了报道点。为了确保外交活动的传播效果,国家信息指导司利用其制度优势,在正式访问前进行了社会动员和模拟演练,让国内公众提前熟悉正式访问期间可能扮演的公共外交角色。借助国际媒体展现出以色列国民良好的素质,建立在民众参与基础上的公共外交活动为以色列塑造了积极的国家形象。[①]

案例分析方面,有学者对以色列驻华大使馆官方微博、官方微信公众号进行了整理分析,总结出以色列的新媒体公共外

---

① 闵捷:《以色列公共外交与软实力建设》,社会科学文献出版社2017年版,第144—147页。

交具有互动性、针对性和包容性三大特点。"以色列驻华大使馆近年来积极利用其官方微博、微信公众号引导海外舆论,改善中国民众对以色列的印象,提升以色列的文化软实力。"①2015年8月,时值中国人民纪念抗战胜利暨世界反法西斯战争胜利70周年之际,以色列驻上海总领馆制作了一部宣传短片《谢谢上海》,以表达以色列人民对中国人民最真挚的感谢。②

近年来,新闻宣传战已经成为信息化战争的重要组成部分和最重要的"作战"样式之一。"以色列高度重视媒体的作用,将舆论导向的争夺视作战争的一部分。总体来看,以色列在战争期间大多时候都能采取较为合理的媒体策略,并逐步形成了由总理举办新闻发布会,为新外交政策做解释和宣传的'习惯。'"③

案例3-3 文莱的媒体外交

文莱自1983年独立后,由于在国际社会缺乏知名度,加上国际媒体对文莱的部分报道有失客观公允,文莱苏丹为提升国际知名度,决定委托公关公司开展国际公关,以此来消除"人民对该国的不准确认识和错误理解"④。

具体而言,文莱做了以下几个方面的媒体外交工作。

第一,依托公关公司的全球组织,"建立文莱信息处,负

---

① 郑宇龙:《以色列新媒体公共外交——以以色列驻华大使馆官方微博、微信公众号为例》,《公共外交季刊》2018年第4期。
② 肖宪:《中国与中东地区的人文交流》,载刘德斌主编:《公共外交研究(第一辑)》,社会科学文献出版社2018年版,第123页。
③ 熊栎天:《以色列公共外交发展与国家形象塑造及其启示》,《乐山师范学院学报》2014年第2期。
④ 赵可金:《媒体外交及其运作机制》,《世界经济与政治》2004年第4期。

责提供信息来源"[1]。第二，全面调查他国媒体的报道倾向，明确媒体外交面临的任务。文莱在深入调查后发现，造成报道倾向问题的主要原因在于缺乏准确的信息来源，于是，开始把工作重点放在建设国际信息网络上，确保信息渠道畅通。第三，按照对象国民众的审美倾向设计风格，集中推出"国家形象套餐"。第四，利用外国媒体，制作精美的国家形象广告。在全面开展媒体外交工作的过程中，文莱十分重视与国际媒体之间的协调工作。第五，积极安排其他国家的知名人士访问文莱。文莱新闻信息中心出面组织海外人士到文莱参观访问，还邀请多国的著名记者或记者团访问文莱，推动国际公众对文莱的全面认识和深入了解。[2]

本章思考：

1. 用案例分析方法谈谈你对战争与宣传的关系的理解。
2. 简述在媒体外交工作中如何有效采用新闻管理的相关方法。
3. 如何评价以色列的媒体外交实践。

---

[1] 赵可金：《媒体外交及其运作机制》，《世界经济与政治》2004年第4期。
[2] 赵可金：《媒体外交及其运作机制》，《世界经济与政治》2004年第4期。

第四章 报刊与媒体外交

报纸和期刊是参与媒体外交实践最久远的传统媒体,一直以来都在外交领域发挥着重要作用。本章主要通过外交领域的部分案例来分析报纸和期刊参与媒体外交工作的优势和局限,其中还特别提及报刊上常见的国际新闻评论是如何参与媒体外交的。

第一节 报纸与媒体外交

一、报纸与媒体外交概述

由于绝大部分报纸的更新频率远高于期刊,所以在新闻媒介发展的早期,报纸受到极大关注,其影响力也一直持续到现在。由于类别、所有权和经营方式的差别,不同报纸会在报道的内容、方式和立场倾向等方面侧重点不同,但相同的是报纸大多会将关注点放在新近发生的事件上。报纸参与外交活动的方式有多种,比如重点且密集关注国际关系重大事件,多次刊发评论文章以引导舆论,在重大国际事件发生后第一时间印发号外等。

当媒体和政治走近并按照政治家的规则运作时,媒体可能

「媒体外交概论」

成为政治家和政治的催化剂。1942年3月22日，英国首相丘吉尔在写给新闻大臣布伦丹·布雷肯的信中指出："我们的确能够向报馆的社长或编辑指出，报纸在刊登主张采取特殊行动或警告人们注意特定地区的危险的文章以前，应向新闻部的军事顾问征求意见。"① 1973年9月10日，埃及总统萨达特单独约见了著名的新闻界人士、《金字塔报》主编海卡尔，向他透露了绝密的备战计划，并且仔细商讨了如何加强宣传工作的事宜。②

二、日本报纸与媒体外交

日本报业在世界报业市场可谓一枝独秀，以《读卖新闻》为首，辉煌时其每日发行量超过1000万份。根据2010年7—12月的统计数据，《读卖新闻》的早报平均每日发行量超过1002万份，晚报发行量超过351万份，每日发行总量超过1353万份。③ 其次是《朝日新闻》。两份大报在世界日报销量排行榜上多年来一直排在前两位。虽然近年来受到互联网的冲击，各大报发行量有所下降，但日本报业大国的地位依然无法被撼动。日本报业的发达，有多方面的原因，主要包括以下几个方面。

第一，日本国民良好的阅读习惯。作为一个公认的学习型国家，阅读是日本国民不可或缺的生活习惯。在报业发展的早期，日本并不是人人都能阅读，所以出现了类似于读报小组的机构帮助人们养成获取信息的习惯。到后来，日本又采用送报

---

① 展江、杨鲁江：《新闻与战争》，上海人民出版社1991年版，第152页。
② 展江、杨鲁江：《新闻与战争》，上海人民出版社1991年版，第152页。
③ Guinness World Records, "Highest Daily Newspaper Circulation," https://www.guinnessworldrecords.com/world-records/highest-daily-newspaper-circulation.

上门的举措，也培养了民众的阅读习惯。当代日本是世界上文盲率最低的国家，所以无须担心民众阅读障碍的问题。另外，日本报业的竞争也使各大报始终把受众的阅读习惯放在重要的位置，尽量去适应受众的阅读习惯和偏好。

第二，同质竞争提升了报纸的质量。日本报业可谓特点鲜明，由于五大综合性日报之间的激烈竞争，对重点议题的集中报道使得报纸内容的同质性不可避免。也正是由于担心同质性的威胁，报业领域的激烈竞争促使各大新闻集团努力做出高质量的报纸供广大读者订阅。加上各大报纸也有党派或者政治倾向的差别，所以并不担心读者会轻易流失。

第三，报纸和电视台的联袂经营。报纸和电视台联袂经营是典型的强强联手的做法。"高度集中的所有权是日本地面电视台一贯特征。所有五个总部位于东京的商业电视台，都是拥有和运营报业公司的传媒集团所有。例如，拥有《读卖新闻》的读卖新闻集团旗下的日本电视网。类似地，东京放送与《每日新闻》、富士电视台与《产经新闻》、朝日电视台和《朝日新闻》以及最新以东京为总部的东京12台与《日本经济新闻》有着密切的关系。"[1] 这样的做法可以理解为是为了应对竞争而采取的信息共享的有效做法，既共享了信息，也促进了传统媒体的进一步发展。

第四，极有特色的报道方式。关于日本媒体的报道特色，卓南生认为有三大特色，其一是"划一性"（即"统一口径"）；其二是"集中豪雨式"（即"铺天盖地式"）报道；其三是倾向于激情主义。[2] 其中，"集中豪雨式"报道会连续多天

---

[1] 张斌、蒋宁平主编：《电视研究读本》，上海交通大学出版社2014年版，第492页。

[2] ［新加坡］卓南生：《日本的乱象与真相：从安倍到安倍》，世界知识出版社2013年版，第204页。

将重点新闻作为头版新闻进行高密度报道。这样的报道方式能让日本民众在短时间内形成一致的舆论倾向，成为民众关注的重点话题，也在一定程度上加深了民众对报纸的依赖。

三、报纸新闻评论与媒体外交

评论，是传统媒体最有力量的表达方式之一，在互联网或者全媒体时代，评论依然占有重要的地位。遇到国际国内大事或者争议性事件时，评论总是能在第一时间发出声音。同时，评论也是多方发声的方式，"不仅是媒体自己表达观点见解的途径，还是大众发表见解的方式"①。

评论分很多种，常见的有书评、影评和本节中的新闻评论。好的书评和影评，能为新书和电影带来销量和票房。新闻评论则能让受众知晓更多的观点，以增进对新的或复杂新闻事件的理解。以戊戌变法闻名的梁启超，同时也是新闻评论写作的高手。他在《时务报》的评论，让民众拍手称快，阅读时"如饮狂泉"。

为何要写评论？评论的重要作用之一就是传达思想和观点。"无论是代表编辑部的社论社评，还是评论员文章或是个人名义发表的评论，都是在用文字表达各方对相关问题和事件的理解。越是多样的观点，无论是相似的还是相反的，在广开言路的同时，还能增进广大受众对该问题或事件的深入讨论和理解。"②

通常来讲，发表一篇新闻评论就是在发表一个鲜明的判断。

---

① 马少华：《新闻评论教程（第三版）》，高等教育出版社2021年版，第1页。

② 徐惊奇：《胡济邦：跨越新旧中国的"媒体外交家"》，《兰台世界》2017年第17期。

这些判断类型多样，比如价值判断、趋势判断等。贯穿新闻评论全文的判断，其实也是一个立论。一篇评论的写作，也是在完成一次论证。在论证过程中，我们经常会用到一种特别类型的判断，那就是假言判断。在国际关系或外交相关的国际评论中，假言判断是使用较多的判断类型之一。因为在相关国际时事问题评论的写作过程中，作者得到的相关事实不可能完备，这是由国际问题相对复杂的特点决定的。如果非要等到所有事实完备了再写作的话，新闻评论的时机也就丧失了。

国际新闻评论主要指针对国际事务中新近发生的重要议题进行观点表述和论证阐述的文体。在媒体外交领域，媒体将公众与政策制定者联系起来，充当外交政策辩论的论坛，并将这种辩论反映在舆论中，向决策者展示。① 国际新闻评论就是媒体与外交互动过程中的重要环节之一，是"国际关系变化和外交行动的先导"②。

国际新闻评论有明确的针对性，"要求评论者直接抓住要害，紧扣主题"③。

第二节 期刊与媒体外交

一、期刊与媒体外交概述

期刊，即按一定时期定时出版的刊物。期刊出刊周期较日

---

① Yoel Cohen, "Media Diplomacy: The Foreign Office in the Mass Communication Age," Oxon: Frank Cass, 1986, p. 8.

② 刘洪潮主编：《国际新闻写作》，中国传媒大学出版社2007年版，第212页。

③ 江爱民、吴敏苏主编：《国际新闻报道》，中国传媒大学出版社2011年版，第288页。

报而言长很多，通常有周刊、旬刊、半月刊、月刊、双月刊、季刊等。作为传统媒体之一，期刊被认为"见证了一个深思熟虑、自信满满的行业的出现"，同时还"促进了各个学科间的智识交流"。①

和媒体外交密切相关的期刊，通常有两类，一类是以美国《时代周刊》、英国《经济学人》等为代表的时政类综合期刊，一类是以美国的《外交季刊》《外交事务》、中国的《国际问题研究》《公共外交季刊》等为代表的相关研究机构出版的外交研究专业期刊。综合期刊，通常以新近发生的国际关系领域重要事件作为报道重点，他们的报道相较报纸报道而言更全面更深入，当然这也与出刊时间较报纸更长有关。期刊的深入报道，在舆论方面引起进一步思考和讨论的同时，其观点往往还会通过其他媒体渠道得到广泛流传。

二、《经济学人》与媒体外交

1843年，英国经济学家、政治活动家詹姆士·威尔逊（James Wilson）在伦敦创办了《经济学人》杂志。作为一家老牌新闻杂志，《经济学人》发展到今天，尽管受到传统媒体危机和新媒体威胁等因素的影响，但依然保持着积极发展的势头。

《经济学人》是一份小众精英杂志，刊物内容看似和经济有关，实则是一份以政治和商业为主的新闻杂志，每期杂志里还有关于科技、艺术方面的报道，也有书评和讣闻。"按照前总编埃蒙特的说法，《经济学人》想要探究当前世界的重要议

---

① [英]安德鲁·佩蒂格里著，董俊祺、童桐译：《新闻的发明：世界是如何认识自己的》，广西师范大学出版社2022年版，第329页。

题，这是它吸引了全世界这么多读者的原因。"①《经济学人》把自己定位为报纸，除了提供分析和观点之外，还力求覆盖全球一周内政治、经济上发生的事情。它的周期短、时效性强、时评性明显，从而确定自己按照报纸而不是杂志的模式去发展，能够吸引世界范围内大量需要对刚发生新闻进行解读的政治经济界中高层人士，而不是休闲性的普通杂志读者。② 近几年其全球销量稳中有升，保持在150万份左右。除此之外，还有多类型的电子版本融入了销售渠道。《经济学人》杂志将经济立场和个人理性作为连接用户群体的最大公约数，不分割用户，也不自我设限。③

《经济学人》特别注重在最小的篇幅内告知读者最多的信息，它的所有文章都不署名。"大量文章为几个人合撰，经常相互辩论，每周开会讨论，结果都是以集体的声音发出去。这种匿名文章的好处是基于这样一个信念：你所写的内容远比进行创作的人重要。"④ 除了文章无署名外，《经济学人》还有颇负盛名的"巨无霸指数"，即通过数据统计和分析来衡量国与国之间购买力情况，广受读者欢迎。

2012年1月，《经济学人》增设中国专栏，成为继英国专栏和美国专栏后的第三个国家专栏。《经济学人》管理层认为，中国崛起对亚洲以及全世界都有着深远的影响，值得用更多的

---

① 王辰瑶、符文涓：《〈经济学人〉为什么成功？——网络时代媒介定位再思考》，《中国出版》2016年第1期。
② 王积龙：《跨国传媒如何开拓经营海外市场——对于英国经济学人集团的个案分析》，《现代传播（中国传媒大学学报）》2006年第1期。
③ 王辰瑶、符文涓：《〈经济学人〉为什么成功？——网络时代媒介定位再思考》，《中国出版》2016年第1期。
④ 王积龙：《跨国传媒如何开拓经营海外市场——对于英国经济学人集团的个案分析》，《现代传播（中国传媒大学学报）》2006年第1期。

篇幅来报道。①

本章思考：

1. 传统媒体参与媒体外交的作用会因为新媒体的发展而削弱吗，为什么？
2. 举例分析日本报纸外交类报道的特点。
3. 选择一篇国际新闻评论精读，分析其论证过程的有效性。

---

① 郭之恩：《〈经济学人〉的中国专栏》，《对外传播》2012年第11期。

第五章 广播、通讯社与媒体外交

广播、通讯社也属于典型的传统媒体，但在当代社会依然发挥着重要作用。无论是和平时期还是战争时期，广播和通讯社都通过稳健的表现在媒体外交中发挥着重要的促进作用。本章主要介绍了美国、英国等国家在广播和通讯社方面的媒体外交实践。

第一节 广播与媒体外交

一、广播与媒体外交概述

"无线电之父"马可尼在无线电通信技术方面的贡献直接促成了广播的诞生，广播也由此开启了完全意义上的电子媒介时代。[①] 随着广播技术的发展，各国的国内广播相继扩展为国际广播。广播在媒体外交领域运用颇广，战争时期表现较为活跃。自一战开始后，广播逐渐成为最活跃的媒体外交运用形式之一，到了二战时期，广播参与媒体外交的效果尤为突出。比

[①] 李智：《国际传播（第二版）》，中国人民大学出版社2020年版，第85页。

如，1939年9月3日，英国国王乔治六世代表英国向德国宣战就是通过广播的方式进行的。二战结束后，各国的国际广播体系依然在外交领域发挥着重要的作用。

广播作为继报刊之后对国际关系产生重大影响的媒体之一，具有跨国界性和跨时空性等优势。一个国家开展国际广播的目的，除了向国际社会介绍本国政治、经济、社会和文化价值观念外，最主要的还是服务于政府外交政策的需要。① 1973年埃及和以色列战争期间，埃及总统萨达特"甚至还亲自制定了开战日当天埃及电台对外广播的具体程序和内容，这种做法在世界战争史中实为罕见"②。

二、美国的广播媒体外交实践

20世纪30年代，美国就有了广播参与媒体外交的经典案例，那就是"炉边谈话"。作为一种联系群众的广播方式，罗斯福总统在任内共进行了30次炉边谈话，尤其是在美国面临重大事件的时候，罗斯福都会采用这种方式和民众沟通。

"炉边谈话"英文为 Fireside Chats，这个说法来自美国哥伦比亚广播公司华盛顿办事处经理哈里·布彻。1933年3月就任总统后不久，罗斯福在总统府楼下外宾接待室的壁炉前接受了包括美国广播公司、哥伦比亚广播公司等媒体的录音采访。罗斯福希望这次讲话能少一些程式化多一些亲切感，就像在自己家中的随意交谈。布彻建议就将其称作"炉边谈话"，"炉边谈话"就此定名。"炉边谈话"不乏关于战争形势、外交形势等

---

① 韩方明主编：《公共外交概论（第二版）》，北京大学出版社2012年版，第170页。

② 展江、杨鲁江：《新闻与战争》，上海人民出版社1991年版，第300页。

方面的内容。

早在罗斯福担任纽约州州长期间的 1929 年,他就通过美国通用电气公司 WGY 电台向纽约居民发表过广播讲话。罗斯福的广播讲话在传递各种政策主张的同时,还鼓舞了民众并赢得了他们的理解。罗斯福被公认为是美国历史上最会利用新闻媒介的政治家之一。当美国的孤立主义势力占据上风的时候,罗斯福总统通过"炉边谈话","逐渐形成了正义的舆论,造成了反孤立主义的强大力量,为美国的参战奠定了基础"[1]。总体上,美国新闻署通过"一整套成熟的国际广播体系","向全世界传递着信息","而这些信息显然是有利于美国政府的"[2]。

三、英国的广播媒体外交实践

第二次世界大战中,广播是各方进行心理战的有效工具,英国广播公司的广播实践表现较为突出。英国广播公司"像是雪中送炭一般地为这些极其渴望获得信息的人们提供新闻,即使这些新闻是有所选择的"[3]。珍珠港事件发生后,英国广播公司进行了及时的报道,"丘吉尔也是从英国广播公司的广播中得到这一消息的"[4]。

时任英国首相丘吉尔深谙广播的传播特点,能熟练运用广播开展宣传工作。丘吉尔早年以战地记者出名,曾去过北非战

---

[1] 王文利:《二战中广播在社会动员方面的作用浅析》,《中国广播电视学刊》2005 年第 8 期。

[2] 沈国麟:《控制沟通:美国政府的媒体宣传》,上海人民出版社 2007 年版,第 160 页。

[3] [英]詹姆斯·卡瑞等著,栾轶玫译:《英国新闻史》,清华大学出版社 2005 年版,第 119 页。

[4] 刘笑盈:《国际新闻史:从传播的世界化到全球化》,中国广播影视出版社 2018 年版,第 222 页。

场，对于传播规律的认识和媒介手段的使用颇为熟悉。同时，丘吉尔还善于在广播中发挥他的演讲才能，他在二战期间的广播讲话"或慷慨激昂地向世人表明英国战斗到底的决心，或热情似火地鼓舞着沦陷国人民的斗争意志，口若悬河、妙语连珠"①。丘吉尔不光是广播演说方面的行家里手，更深谙广播在战争时期的重要性。二战后期，"一家英国秘密电台使用德国电台的频率插播了大量制造混乱的消息，如：某地不是空袭区，某地极不安全等，结果公路干线、车站码头上挤满了乱哄哄的人群，给德军的防御部署带来了意想不到的困难。在这场新闻战中，德国人不得不'俯首称臣'，因为到最后，他们几乎丧失了利用电台发布命令的权利。"② 这就是丘吉尔以他特别的方式通过无线电波向纳粹德国所作出的强有力的抗击。

英国广播公司参与媒体外交还有一个案例可以说明。1941年，英国广播公司号召荷兰、法国、比利时以及斯堪的纳维亚地区的敌占区人民，用"V"作为将战斗进行到底的标志，而这一斗争策略给当地人民带来了巨大的危险。一个法国小镇，到处都涂着表示胜利的"V"字，因而整个小镇都遭到德军的残酷镇压。这个运动使得那些准备在敌占区开展抵抗运动的人们在不可能得到盟军支援的时候，过早地暴露了身份。很快，由于英国广播公司的做法实际上是在制定英国的外交政策，这场运动被政府叫停了。③ 可以认为，这并不是英国政府的计划，但英国广播公司却在这样一次和政府看上去并没有关系的运动中起到了相反的作用。

---

① 展江、杨鲁江：《新闻与战争》，上海人民出版社1991年版，第149页。
② 展江、杨鲁江：《新闻与战争》，上海人民出版社1991年版，第152页。
③ [英]詹姆斯·卡瑞等著，栾轶玫译：《英国新闻史》，清华大学出版社2005年版，第119页。

案例 5-1　中国对非洲的国际广播

早在二战之前，国际广播就开始发挥重要作用，"那个时代的外交中充满危机和紧急首脑会议，故而尤其适合广播报道"①。战争爆发后，各国的国际广播由于立场的冲突也表现出风格的不同。德国的广播"混合着带有政治倾向的新闻和评论"，其主要目标是"挫败外国听众的士气"；英国的广播强调"报道的准确高于一切"。②日本则利用日本广播协会等机构"对东南亚、东亚以及有大量日裔美国人的美国西海岸地区进行短波播送"③。在法国，戴高乐将军"使用英国广播公司的法语服务，向德占法国地区中的抵抗运动发送讯息"④。到第二次世界大战以后，和其他形式的公共外交一样，国际广播开始与更为复杂的议题联系起来，而非只为国际利益发出倡议。⑤

以中国对非洲国际广播为例进行分析。一直以来，中国对非洲的国际广播在促进中非关系发展、增进相互了解、共建和谐世界的过程中起着不可替代和越来越重要的作用。⑥在海外媒体建设过程中，中国国际广播电台根据具体情况采用"申请

---

① ［英］尼古拉斯·卡尔著，陆泉枝译：《公共外交：数字化时代全球公共参与的基础》，上海人民出版社 2022 年版，第 166 页。
② ［英］尼古拉斯·卡尔著，陆泉枝译：《公共外交：数字化时代全球公共参与的基础》，上海人民出版社 2022 年版，第 166 页。
③ ［英］达雅·基山·屠苏著，胡春阳、姚朵仪译：《国际传播：沿袭与流变（第三版）》，复旦大学出版社 2022 年版，第 16 页。
④ ［英］达雅·基山·屠苏著，胡春阳、姚朵仪译：《国际传播：沿袭与流变（第三版）》，复旦大学出版社 2022 年版，第 17 页。
⑤ ［英］尼古拉斯·卡尔著，陆泉枝译：《公共外交：数字化时代全球公共参与的基础》，上海人民出版社 2022 年版，第 170 页。
⑥ 张哲：《中国对非洲广播宣传的理念与策略》，《西亚非洲》2008 年第 6 期。

频率、合作委托运营"和"租台、本土化公司运营"①等灵活方式开展工作。

中国国际广播电台通过包括斯瓦希里语在内的多语种国际传播,其丰富的广播节目不但深受广大非洲听众的喜欢,还得到了非洲国家政界人士的高度赞扬。

第二节 通讯社与媒体外交

通讯社是传统媒体中较为典型的一种,"兼具印刷媒介能够保存事实和思想的优势与电子媒介传播迅速等优势"②,被认为是"新闻的公分母和新闻的消息工厂"③。通讯社的优势在于运用资源优势获取和传播第一手的国际新闻资讯,拥有较强的新闻收集能力并提供丰富的新闻产品。通讯社的出现和发展带来了两个结果,一是"进一步促进了新闻的专业化",二是"促进了新闻资源的整合,特别是新闻报道的国家化"。④

在世界通讯社发展的初期,几家老牌通讯社通过多年的激烈竞争,不断占领世界主要新闻市场。英国路透社、法国哈瓦斯社(即后来的法新社)和德国沃尔夫社于1870年1月17日在巴黎签署了旨在分割世界新闻市场的垄断性协议,这即是通讯社发展史上的"三社四边协定",又称"连环同盟"。1875年,三家通讯社还和美国纽约联合通讯社(即后来的美联社)

---

① 王庚年:《让中国更好融入世界》,《中国广播电视学刊》2014年第1期。
② 段鹏:《政治传播:历史、发展与外延》,中国传媒大学出版社2011年版,第155页。
③ 刘笑盈:《国际新闻史:从传播的世界化到全球化》,中国广播影视出版社2018年版,第275页。
④ 刘笑盈:《中外新闻传播史》,中国传媒大学出版社2017年版,第159页。

签订了一项交换新闻的协议,强调纽约联合通讯社只负责采集美国的新闻,同时和三家通讯社进行新闻交流,由此形成了四家通讯社对世界新闻市场的瓜分和垄断。"三社四边协定"直到1934年才正式废除,西方各大通讯社正式进入自由竞争时期。

英国路透社成立初期,主要报道一些军事、政治和外交方面的消息。关于英国路透社与外交的关系,达雅·基山·屠苏指出,路透社与英国的外交和殖民统治保持着密切的关系。此外,路透社还在第一次世界大战期间与外交部门合作推出战时新闻服务。[1]

21世纪以来,法新社积极求新求变,通过内部组织结构调整,增设多媒体研发、客户服务等部门,实现从"新闻批发商"向"信息服务商"的转变。[2] 以法新社于2012年推出的电子外交中心(E-Diplomacy Hub)服务平台为例,该平台建立了一个数据库,整合了全球120个国家和地区的超过4000个经过个人验证的账号,这些账号包括国家领导人、部长、专家、活动家和出于政治动机的黑客等。法新社在此基础上设计了算法,该算法可以计算国家和个人的影响力,可以推测哪些议题会主导数字外交和全球对话,用户可以通过自定义"中心"的方式来进一步观察他所关注的国家和地区的数字外交行为。[3]

新华社作为中国的国家通讯社,一直以来都在媒体外交领

---

[1] [英]达雅·基山·屠苏著,董关鹏主译:《国际传播:延续与变革》,新华出版社2004年版,第29页。

[2] 王润珏、朱玲莉:《世界性通讯社数字化转型路径探析:法新社》,《现代视听》2020年第7期。

[3] "AFP Launches 'the e-Diplomacy Hub', An Innovative Tool for Exploring the World of Digital Diplomacy," https://www.afp.com/en/agency/press-releases-newsletter/afp-launches-e-diplomacy-hub-innovative-tool-exploring-world-digital-diplomacy.

域发挥着重要的作用，尤其是在报道国家领导人出访等重大外事外交活动方面，新华社也因此成为全世界了解中国的重要窗口。随着东西方权力格局的变化，以新华社为代表的发展中国家媒体走向国际舆论场的前台，在与西方的话语竞争中，推动新兴经济体的崛起和世界体系的变迁。[①]

新华社积极参与公共外交活动。以环保公益主题为例，新华社全面发挥海外分社、国内分社和采编团队的作用，就全球环保公益议题，以文字、图片、音视频通稿等形式，进行全方位多角度的立体报道。这些报道被中国和国际的众多媒体广泛采用，显著推动了环保理念的传播，也让世界更好地认识到了中国政府和社会各界对环保的高度重视。[②]

本章思考：

1. 结合池田德真《宣传战史》的相关内容谈谈对广播与战争的关系的认识。

2. 传统老牌通讯社如何在新时期发挥重要作用？

[①] 吴瑛、王曦雁、王佳慧：《媒介间议程设置：对世界五大通讯社互引关系的研究》，《对外传播》2016年第8期。

[②] 程小玲：《主流媒体在公共外交中的作为及增强传播力新探》，《中国记者》2014年第3期。

第六章　电视与媒体外交

电视媒体是当代媒体外交领域里除互联网外最活跃的媒介方式。本章主要从电视媒体的特点出发，结合美国有线电视新闻网、半岛电视台和今日俄罗斯电视台等几家典型媒体在外交领域的表现，分析电视在媒体外交领域发挥的重要作用。

第一节　电视与媒体外交概述

1996年11月，由联合国主办的首届世界电视论坛在联合国总部召开。时任联合国秘书长加利在会议开幕词中强调了电视的重要作用。他指出，由于电视对公众舆论所具有的巨大影响力，电视已在很大程度上对联合国的工作和决策起着决定性的作用。[1] 会议的宣传指出，电视作为当今最强大的传媒格局，能够而且必须在向世界描述人类面临的主要问题方面发挥作用。[2]

电视媒体是当代媒体外交领域里除互联网外最活跃的媒介

---

[1] 马元和：《国外广播电视见闻及国际交往》，国际文化出版公司1998年版，第3页。

[2] 马元和：《国外广播电视见闻及国际交往》，国际文化出版公司1998年版，第8—9页。

方式。有的电视媒体通过自己的报道直接或间接地成为了外交决策的资料来源，有的电视媒体通过精心策划的新闻引导了外交领域的议程设置。反过来，各国领导人和相关外交决策团队也深知电视媒体对外交决策及舆论引导的重要作用，开始系统且有效地引导电视媒体为自己服务。

以美国哥伦比亚广播公司著名新闻节目主持人克朗凯特为例，越南战争期间，克朗凯特亲赴越南战场，他曾在节目中说过一句经典的话，他认为越南战争是"一场打不赢的战争"。这句话被认为一定程度上影响了美国民众对越南战争形势的判断。在后来的伊朗人质危机、黎巴嫩劫机事件中，电视的作用再次引起注意。① 此外，还有一次克朗凯特参与的被称为"电视外交"的事件。

当时是1977年埃及和以色列关系较为紧张的时期，在1977年11月14日美国哥伦比亚广播公司的电视直播中，克朗凯特问埃及时任总统萨达特，如果请他同以色列总理贝京会晤，他将以何言作答。萨达特出乎意料的回答是：他将愿意在没有任何先决条件下会晤贝京，商谈和平。随后，在克朗凯特的采访节目中，贝京邀请萨达特访问以色列，之后达成了"戴维营协议"。② 电视主持人克朗凯特通过自己极富创造性的做法令两位关系紧张的国家领导人有了改善双方外交关系的可能。以色列学者伊坦·吉阿博称克朗凯特无意中主导并促成的外交事件为"媒体作为经纪人的外交"，无论克朗凯特是有意还是无意为之，促成两国领导人走近并达成相关协议是事实，媒体和主持人在其中的确扮演了非常重要的角色。

---

① 范士明：《"CNN现象"与美国外交》，《美国研究》1999年第3期。
② 马元和：《国外广播电视见闻及国际交往》，国际文化出版公司1998年版，第76页。

在与媒体外交相关的众多领域中，电视对外传播是一个重要组成部分。除此，还有媒体间的合作，比如"借船出海"。所谓"借船出海"，主要有两种方式：一是向境外电视台提供节目，二是与境外电视机构合作办台或经营固定频道或时段。

第二节 美国有线电视新闻网与媒体外交

一、美国有线电视新闻网的发展历史

美国有线电视新闻网，即 Cable News Network，简称 CNN。美国有线电视新闻网是世界上第一家 24 小时播放新闻节目的电视频道，由泰德·特纳于 1980 年创办，总部位于美国亚特兰大。由于最初的节目并不引人注目，还被戏称为"鸡肉面条网"（Chicken Noodles Network）。

早在海湾战争期间，美国有线电视新闻网就凭借其敏锐的预知能力和排除万难的细致报道赢得了世界范围内的众多观众。美国有线电视新闻网能够在众多竞争者中脱颖而出，需要"敢为天下先"的魄力。一方面是进行当时业界并不看好的全天候 24 小时播报，另一方面是在美国还没有大规模参与战争时就做好了在伊拉克播报的各种准备。美国有线电视新闻网的报道较相关情报人员的信息能更早让决策者看到，让情报人员大为光火。更多的相关决策者开始养成收看美国有线电视新闻节目的习惯。战争真正打响时，伊拉克切断了同外界的各种联系，在其他电视台一筹莫展时，早有准备的美国有线电视新闻网成了战争信息的"获益者"。

伊拉克战争期间，媒体有这样一句评论："伊拉克战争有三个参战者——小布什、萨达姆和美国有线电新闻网。"虽然

美国有线电视新闻网并没有真枪实弹地参与战争，但这句话无疑是对它在这场战争中的出色表现的最大褒奖。早在伊拉克战争之前，美国有线电视新闻网就因在海湾战争中的表现为世人所知。甚至在1989年底，苏联谴责美国入侵巴拿马，有关人员居然先打电话给美国有线电视新闻网驻莫斯科办事处，向美国有线电视新闻网记者宣读了谴责书，然后才通知美国驻苏联大使馆，由此可见美国有线电视新闻网影响力之大。

美国有线电视新闻网因24小时播报新闻闻名于世，其在发展期间最重要的特点之一无疑是现场直播。"通过现场直播，美国有线电视新闻网几乎同步报道了'里根遇刺''英阿福克兰群岛之战''美国挑战者号爆炸''旧金山大地震'等一系列重大事件。对于远在欧洲的'柏林墙倒塌'等重大国际事件，美国有线电视新闻网也及时进行了直播。尤其在海湾战争期间，伊拉克驱逐了西方国家的所有战地记者，却唯独留下了美国有线电视新闻网——交战国的记者。此举不仅令全世界关注，更是令同行羡慕。"[1]

美国有线电视新闻网一直是英语世界最重要的传播渠道，在国际新闻报道上尤为突出。虽然其有突出的表现，但并不能表明它的所有报道都是中立客观的，美国有线电视新闻网也有饱受诟病的地方。例如其某些恶意裁剪图片的做法极易引导受众形成片面看法，明显有违新闻真实性和客观性等相关基本准则。其某些新闻报道也成了移花接木、断章取义、混淆视听等背离新闻真实性原则报道的代名词。[2]

美国有线电视新闻网的资源共享系统也是其特色之一。

---

[1] 魏金成：《论CNN的经营之道》，《当代电视》2013年第10期。

[2] 赵启正主编：《公共外交战略》，学习出版社、海南出版社2014年版，第31页。

"美国有线电视新闻网在西班牙开播的'CNN+'24小时新闻频道是电视媒体本土化理念的完整阐释,该频道是美国有线电视新闻网与西班牙索吉有线电视网合作创办的,新闻的主要内容是关于西班牙的报道,而国际新闻则主要来自美国有线电视新闻网总部的共享系统。"[1]

二、"CNN效应"解析

提到"CNN效应",有必要从"CNN现象"说起。我们可以从"CNN现象"这个词看到美国有线电视新闻网在电视媒体领域的前卫风格。"CNN现象"就是以美国有线电视新闻网为代表的,以即时的电视转播和评论为特点的,几乎覆盖全球重要地区的国际新闻报道所造成的政策和舆论影响。[2] "CNN效应",即CNN Effect,是在"CNN现象"基础上的概念延伸。伊坦·吉阿博曾列举过各种"CNN效应"的表现,具体包括,美国有限电视新闻网通过其报道能对领导人"强加"政策,"限制"领导人的政策选项,"破坏"领导人的政策考虑,"阻碍"计划的实施,以及使政策制定者能够采用政策并通过"合法化"行动和"制造同意"来"帮助"实施。[3]

由于在主流媒体中的突出表现,以及在国际报道中的积极参与,众多研究者将目光聚焦于美国有线电视新闻网,才有了包括"CNN现象""CNN曲线""CNN效应"等术语,并由此展开了媒体对外交决策影响的进一步讨论。在这些讨论的基础

---

[1] 李宇:《从宣到传:电视对外传播研究》,北京大学出版社2013年版,第292页。

[2] 范士明:《"CNN现象"与美国外交》,《美国研究》1999年第3期。

[3] Gilboa E., "The CNN Effect: The Search for a Communication Theory of International Relations," Political Communication, Vol. 22, No. 1, 2005.

「媒体外交概论」

上可以发现，讨论的重点最后都集中到了媒体、政府和公众三者之间的关系上。相关问题的讨论包括：媒体的报道是否具有对政府决策主动权的控制，是媒体的报道还是部分精英受众对政策制定的影响更大，媒体对于部分焦点事件的关注是否是以牺牲报道其他冲突作为代价，政府在政策制定过程中受媒体报道影响大还是政治经济因素影响大等问题。

更进一步关于对"CNN效应"的理解，还可以和议程设置、媒体报道方式、政策透明度等因素联系起来分析。当事件有争议时，媒体的参与才可能体现出明显作用。政策不透明或不清晰时，也是媒体参与的较好时机。英国学者皮尔斯·罗宾逊（Piers Robinson）在讨论媒体和政策相互作用的理论模型时指出，只有当对某个问题存在不确定的政策，政府无法向媒体提供合理且经过精心演练的政策路线时，媒体才有可能设定议程。媒体针对相关事件的大密度集中报道，同样可以促进政策由不透明向透明转化。媒体还可能参与到"制造同意"的环节。当政府有确定的政策时，会利用大量资源作为信息来源影响媒体的新闻生产，在这种情况下，媒体可能会起到"制造对政府政策的同意"的作用。① 此外，和"CNN效应"有关的讨论还包括媒体框架、媒体的商业因素、媒体报道对政策的影响、游说集团的活动对媒体表现的间接影响等方面。

在讨论"CNN效应"的过程中，伊坦·吉阿博列举了八项在国际关系和国际传播领域关于效应的议题，或许可以帮助我们更深入地理解这个话题。八项议题分别是：地缘政治的变化、技术的变化、与冲突相关的所有阶段、政策制定的直接效果、除抵抗和外交事务外的其他领域、西方偏见、全球影响力

---

① Robinson P., "The CNN Effect: Can the News Media Drive Foreign Policy? Review of International Studies," Vol. 25, No. 2, 1999.

的含义及编辑和记者的工作等。① 这些议题当然并不完全指涉美国有线电视新闻网,可以延伸到广义的媒体工作所关涉的范围,并进一步延伸至对媒体与外交政策关系或模型的讨论。

三、美国有线电视新闻网与媒体外交

讨论美国有线电视新闻网和媒体外交的关系,主要指它通过报道对美国政府的相关外交决策的影响,换句话讲,即美国有线电视新闻网通过其报道的议程直接或间接地影响了政府的外交决策。

以 1985 年 6 月的一起劫机事件为例,美国环球航空公司的 847 号航班被恐怖分子劫持,美国政府历经 17 天和恐怖分子谈判,39 名美国人质终于在贝鲁特被释放。美国有线电视新闻网连续 17 天的电视直播,把这一事件变成独具意义的全球化新闻,就连美国政府的决策者也是通过电视看到危机现场并将这种现场报道作为其决策的依据之一。此外,海湾战争期间,美国和伊拉克方面都把收看美国有线电视新闻网的节目当做获得战争信息的一个重要来源。据一位美国高级军官说,美国有线电视新闻网是当时躲在防空工事里的萨达姆唯一可靠的信息来源,我们利用了这一点,根据萨达姆目前掌握的有限情况而出其不意地打击伊拉克。② 1991 年,时任美国参谋长联席会议主席科林·鲍威尔指出,电视直播不能改变政策,但它能创造政策制定的环境。③ 可以认为,电视对特定问题的集中报道是外

---

① Gilboa E., "The CNN Effect: The Search for a Communication Theory of International Relations," Political Communication, Vol. 22. No. 1, 2005.
② 贾鸣之:《海湾战争中的 CNN》,《国际新闻界》1995 年第 1 期。
③ McNulty, T., "Television's Impact on Executive Decisionmaking and Diplomacy," Fletcher Forum of World Affairs, Vol. 17, No. 2, 1993.

交决策的考量因素之一。

在若干外国主流媒体中，和媒体外交有关的案例最多的，当属美国有线电视新闻网。虽然美国有线电视新闻网的成立时间晚于美国其他几家传统电视台，但在国际问题的报道上明显更加活跃。海湾战争打响时，当所有新闻媒体都被萨达姆勒令离境时，唯有美国有线电视新闻网因为提前数月和伊拉克政府的沟通，所以得以留下继续直播"沙漠风暴"。在多国部队袭击的全过程中持续报道战况，向全世界展现了其全新的新闻理念。[①] 除了令其一举成名的海湾战争报道外，还包括库尔德危机、科索沃危机、虐囚录像带事件、无国界医院被袭事件等众多报道。

案例6-1 中美主播"约辩"

2019年5月30日，中国国际电视台（CGTN）主播刘欣接受美国福克斯电视台商业频道主播翠西·里根（Trish Regan）的约辩，就中美贸易摩擦进行了一场"跨洋辩论"。这场对话是在翠西主持的"翠西里根黄金时段"中进行的，两人的对话时间约16分钟。

此次中美主播"约辩"和双方关于中美贸易战的讨论有关。2019年5月14日，翠西在福克斯商业频道的节目中评论中美贸易战是"美国必须用在中国身上的'武器'"，并反复使用了"偷窃"一词，称"美国每年因中国窃取知识产权的损失高达数千亿美元"。随后，刘欣在节目中指出翠西的相关说法失当，指出其言论"充满情绪化和煽动性，且缺乏实质证据，引用数据存在漏洞"。随后，翠西先后在节目和个人推特中

[①] 苗棣等：《美国有线电视网》，中国广播电视出版社2008年版，第65页。

"喊话"并"约辩"刘欣，刘欣同意展开"诚实辩论"。① 两位主播的"约辩"得到各方关注，中国外交部就此事进行了专门回应。

两位主播的"约辩"对中国的对外传播有一定的启示。"刘欣作为中国国际电视台的新闻主播获得了在美国保守的主流新闻频道上面向普通美国民众较为全面地展现中国对中美经贸摩擦的立场的机会，这在过去40年来的中美关系上较为少见，无疑是中国对外传播进行的有益尝试。"② 作为媒体外交领域的一次"媒介事件"，两位主播的"约辩"其实是对节目传播模式的一种有益探索，具体表现在几个方面，在方法、手段上有创新，在传播上适应了分众化、差异化趋势，在效果上显示出较强的新闻舆论传播力和引导力，对以个人身份进行中外民间对话这一方式的运用以及对外宣传和舆论引导新格局的构建起到了积极的示范、推动作用。③

第三节　半岛电视台与媒体外交

半岛电视台（Al Jazeera），被称为"中东的CNN"，自1996年于卡塔尔成立以来一直在国际传播舞台上发挥着重要作用。Al Jazeera 意为"汪洋中的自由之岛"，用来指阿拉伯半岛，象征其对新闻自由的孜孜不倦的追求。根据美国2010年的统

---

① 孙璐：《全球化新格局下 CGTN 的国际传播研究》，光明日报出版社2021年版，第151页。
② 邓建国、崔嘉雯：《善意沟通与"生异之异"：从"欣西之辩"看中国的对外传播创新》，《对外传播》2019年第8期。
③ 周振华：《浅谈民间对话在对外传播中的运用——以中美主播"约辩"中美经贸摩擦为例》，《对外传播》2019年第8期。

计数据，半岛电视台在阿拉伯世界拥有超过 4000 万的潜在收视群体；在约旦、利比亚和科威特等国家约有 30% 以上的人口收看半岛电视台的节目，在约旦河西岸和加沙地带，半岛电视台的收视群体占该地区总人口的比例更是达到了 47.4%。[1]

一、半岛电视台活跃的原因

半岛电视台成立伊始，就因为各种大胆报道而遭遇阻力。具体表现有外国政府直接发给卡塔尔政府的外交投诉抗议，部分国家还召回过驻卡塔尔大使，网站遭遇黑客攻击以及收到各种威胁。纵然如此，半岛电视台近年来在世界媒体中依然表现活跃，究其原因，可以从以下几方面进行分析。

（一）得天独厚的地理条件

半岛电视台总部位于卡塔尔首都多哈，占据阿拉伯语的天然优势，加上熟悉阿拉伯世界民众的惯常接受方式，因此，出于对阿拉伯世界媒体的信任，"基地"组织等多将一些录有重要视频资料的录像带交给半岛电视台，其他英语媒体则无此"待遇"。2001 年 10 月 7 日，半岛电视台独家播出了采访本·拉登的讲话录像，这也成了半岛电视台的成名作。阿富汗战争爆发之初，塔利班政府驱逐了除半岛电视台之外的所有外国媒体，只有半岛电视台能进入塔利班控制区。由于这样的优势，半岛电视台在阿富汗战争中的报道在世界媒体中独领风骚。半岛电视台正是凭借这一独家优势而在英语媒体中声名鹊起，部分英语媒体甚至不惜重金从半岛电视台手里买下相关独家报道

---

[1] 廉超群：《半岛电视台的困境：民意与客观性》，时代在线，2011 年 3 月 10 日，http://www.time-weekly.com/post/11059。

的使用权。

(二) 雄厚的人力资源

半岛电视台建台时并没有预料到会从英国广播公司收获众多专业人才。当时，英国广播公司国际频道和沙特阿拉伯的一家私人电视频道因为编辑方针的分歧而导致无法继续合作，众多员工正纠结何去何从时，半岛电视台给了这些人一个极好的机会，将这些阿拉伯世界电视新闻界的精英集中到同一个舞台。这场双赢的合作让半岛电视台无需进行更多的培训就拥有了一批具有英国广播公司背景的媒体专业人才。后来，这些专业人士还被派到美国有线电视新闻网进行了技术培训。他们带来了英国广播公司和美国有线电视新闻网的制作理念，组成了半岛电视台的重要内核，由此保证了节目制作的专业性。

(三) 明确的发展思路

半岛电视台从建台伊始就没有资金方面的担忧，埃米尔哈利法先是投资1.37亿美元建台，而后每年还向其提供3000万—5000万美元的补贴[1]，这让半岛电视台没有任何后顾之忧，并在5年后转为商业运作。虽也曾因话题突破禁区而屡遭多国封锁而失掉广告客户，面临发展中的重重阻力，但总体上仍然呈渐进式发展。从1996年建台时每天6小时的阿拉伯语新闻播报，到后来开办24小时播送新闻的英语频道；从开通英文网站，到2013年开播美国频道，都能看出其一以贯之的以新闻为主、融合多种媒体并面向世界的发展思路。

以半岛电视台的美国频道为例。"由于美国大多数有线和

---

[1] 李宇：《国际传播背景下的亚洲电视研究：图景与路径》，中国戏剧出版社2020年版，第195页。

卫星运营商拒绝为半岛电视台提供服务,大部分美国民众无法通过电视收看半岛电视台的节目,而是通过网络收看。"[1] 2013年初,半岛电视台宣布成功收购由美国前副总统戈尔创建的美国潮流电视台,迈出了向美国拓展的坚实一步。收购潮流电视台后,半岛电视台的目标就是利用这样一个优秀的频道资源建立半岛电视台美国频道,将节目放送到大约6000万美国人的家中。2013年10月,半岛电视台美国频道正式开播。但遗憾的是,半岛电视台美国频道已于2016年4月30日关闭,只运营了两年半的时间。

二、半岛电视台与媒体外交

就国土面积和人口数量而言,卡塔尔算是中东小国。但正是由于半岛电视台的存在,卡塔尔却摇身一变成了"外交大国"。在媒体外交的领域,半岛电视台也有较突出的表现。

以半岛电视台的中东报道为例进行分析。作为一个政治上完全独立的电视台,半岛电视台总是在重大新闻事件发生后,尽量将冲突双方的意见无删节地客观发表。因此,他们既全文发表布什、沙龙、布莱尔的讲话,也发表本·拉登的讲话。

当以色列政府杀害解放巴勒斯坦人民阵线前领导人阿布·阿里·穆斯塔法时,半岛电视台在报道中使用的是"暗杀"一词,在报道随后巴勒斯坦武装人员杀害以色列旅游部长泽维的报复行动时,半岛电视台也使用了同样的新闻词语。无论从以方还是巴方出发,都希望报道用词是于己有利,但半岛电视台并未简单地跟随某一方使用带有明显感情色彩的词语,只是从

---

[1] 国家新闻出版广电总局进口管理司编:《海外新闻出版实录2013》,中国传媒大学出版社2014年版,第196页。

现象本身出发选择使用"暗杀"一词，可以看出半岛电视台在报道中的基本态度。在词语的选用方面，半岛电视台坚持自己认为公平的原则，这样的做法也可能会与相关国家的立场和倾向相冲突。

同样，在2011年埃及的动荡局势中，半岛电视台的相关表现也值得一提。"2011年2月22日，利比亚首都的黎波里所有通信中断，而半岛电视台却在同一天播出了利比亚空军轰炸袭击反抗者的视频画面。24日，半岛电视台的记者已经进入了反抗者控制的大多数利比亚东部城市。半岛电视台的记者深入利比亚的城市和油田，持续发回最新消息，全天直播局势最新变化。"[1] 埃及政府一度将矛头指向半岛电视台，认为其是民众走上街头游行示威的幕后推手。同时，采取停止转播半岛电视台节目、撤销采访许可、没收采访设备、拘禁记者等各种方式阻止半岛电视台的报道。"半岛电视台对示威活动进行长时间跟踪拍摄报道，将现场感强烈的画面及时播出。正是这些来自现场的活生生的画面，激起了埃及国内各地民众的集体意识，促成了民众共同意识的觉醒，塑造了民众的集体思维和集体行为。"[2]

由于半岛电视台阿拉伯语频道在中东地区的突出的话语权，加上2006年开播的英语频道在国际社会的频频发声，半岛电视台逐渐跻身国际媒体的行列。虽然在对半岛电视台的评价声中肯定与批评并存，但我们仍然能从中发现媒体参与外交工作的一些基本特点。

---

[1] 余渊：《半岛电视台：阿拉伯传统阵营的"第五纵队"》，载马晓霖主编：《阿拉伯剧变：西亚、北非大动荡深层观察》，新华出版社2012年版，第81页。
[2] 余渊：《半岛电视台：阿拉伯传统阵营的"第五纵队"》，载马晓霖主编：《阿拉伯剧变：西亚、北非大动荡深层观察》，新华出版社2012年版，第83页。

「媒体外交概论」

第四节　今日俄罗斯电视台[①]与媒体外交

2005年4月6日，俄罗斯俄新社成立了首家数字电视网——今日俄罗斯（Russia Today），面向俄罗斯境外全球观众播出节目。目前，今日俄罗斯电视台已拥有9个电视频道，使用俄语、英语、阿拉伯语和西班牙语等多语种播送节目，已跻身24小时播送新闻的国际大型媒体行列。到2020年，今日俄罗斯电视台成为世界上第一个在油管（YouTube）平台上浏览量超过百亿次的电视新闻账户。从零开始到跻身国际媒体行列，今日俄罗斯电视台算是高效的成功范例。

一、今日俄罗斯电视台的主要特点

回顾今日俄罗斯电视台的成长之路，以下几个特点是需要特别强调的。

（一）内容为王

今日俄罗斯电视台能成为可以同英国广播公司、美国有线电视新闻网等西方主流媒体抗衡的国际媒体，"内容为王"是其最鲜明的特点。今日俄罗斯电视台擅长报道西方主流媒体忽视或者刻意隐瞒的事件，提供对时事不同视角的报道分析，并让国际观众了解俄罗斯对重大全球事件的看法，从而打破西方

[①] 今日俄罗斯电视台与改革后的今日俄罗斯国际新闻通讯社是两个独立的机构，对外称RT电视台，本书采用其中文称呼，即今日俄罗斯电视台。

媒体在国际舆论场上的话语垄断。① 2012 年 4 月 17 日，今日俄罗斯电视台邀请正处于软禁期间的"维基解密"创始人朱利安·阿桑奇主持为他量身定做的节目《明日世界》，尽管只播出了 12 期，但期期节目的主题都颇有争议性。② 2013 年 5 月，原美国有线电视新闻网著名访谈主播拉里·金开始就职于该频道，主持每晚 9 点档的《拉里·金现场》。今日俄罗斯电视台的几档谈话节目都以话题大胆、评论深入、辩论激烈而颇具独到之处。这包括无底线揭露全球财经丑闻的《凯撒报道》、密切追踪时事的《阿莉奥娜秀场》及对一些敏感问题激烈交锋的辩论节目《交火》。③

（二）政府的支持

今日俄罗斯电视台以俄罗斯出版与大众传媒署作为主要经费来源。2020 年，俄罗斯政府向今日俄罗斯电视台拨款约 23 亿卢布，约合人民币 2 亿元。④ 俄罗斯总统普京也曾亲自为今日俄罗斯电视台站台，其诸多言论都由今日俄罗斯电视台首发。同时，在智力资源方面，今日俄罗斯电视台设有包括社会名流、资深外交官、记者、艺术家、科学家和商人在内的公共理事会，以借助更多元的智力资源完善电视台的发展。⑤

---

① 刘箫锋、马建光、刘杨钺：《俄罗斯媒体国际传播与国家安全：布局、策略、启示》，《俄罗斯学刊》2022 年第 3 期。
② 贾乐蓉：《从 RT 电视频道的成功看俄罗斯的对外传播部署》，《对外传播》2014 年第 7 期。
③ 苏晓春：《"今日俄罗斯"最新发展趋势及启示》，《电视研究》2015 年第 6 期。
④ 刘箫锋、马建光、刘杨钺：《俄罗斯媒体国际传播与国家安全：布局、策略、启示》，《俄罗斯学刊》2022 年第 3 期。
⑤ 许华：《"今日俄罗斯"因何异军突起？》，《对外传播》2014 年第 8 期。

（三）媒体组合多管齐下

今日俄罗斯电视台除了 24 小时播放新闻，还注重多媒体融合，既能做到资源共享，又能吸引更多受众从多种渠道关注。"2013 年底，普京签署总统令，解散刚刚庆祝 84 岁生日的世界上第一家国际广播电台——俄罗斯之声，并且整合了另一家历史悠久的传统媒体——俄罗斯国际新闻通讯社，在这两家国有媒体的基础上组建全新的今日俄罗斯国际新闻通讯社。"[1] 强强联手后新生的今日俄罗斯国际新闻通讯社让今日俄罗斯电视台获取了包括文字、图片、视频、音频在内的更多更权威的资源，对于今日俄罗斯电视台的报道时效性、报道质量等也有了全方位地促进。此外，今日俄罗斯电视台的网站也炙手可热。155 个国家的 2000 多家媒体成为今日俄罗斯电视台网站的客户，其中包括美国广播公司和福克斯电视网。[2] 前面提到，今日俄罗斯电视台在油管平台上的高点击率和订阅人数与其运营策略有关。今日俄罗斯电视台"不仅将传统频道上播出过的节目简单地移植到互联网上，更利用网络信息过滤较传统媒体宽松的特点，将大量话题尖锐、冲突明显的视频内容主要以视频网站为平台播放"。[3]

二、今日俄罗斯电视台对媒体外交的启示

关于今日俄罗斯电视台对媒体外交工作带来的启示，主要

---

[1] 朱虹：《如何加强国际传播能力建设——以"今日俄罗斯"为例》，《新闻研究导刊》2015 年第 10 期。
[2] 许华：《"今日俄罗斯"因何异军突起？》，《对外传播》2014 年第 8 期。
[3] 常江、徐帅、李峰：《"今日俄罗斯"的新闻生产策略及启示》，《中国记者》2015 年第 4 期。

包括以下方面。

（一）提升国际传播能力，助力外交工作开展

国与国之间软实力的竞争，经常表现为国际传播能力的较量，尤其是当各种危机和冲突发生的时候，能否把该国的政治议程转化为国际社会的议程，在国际上形成对该国有利的舆论态势，直接影响到国家利益的实现。① 衡量一个国家的能力，不仅看它的危机应对处理能力、社会改革能力，还有其媒介传播能力。今日俄罗斯电视台显然已经成了俄罗斯软实力品牌之一，通过其突出的表现正在改变着全球媒体的竞争态势，被看作是俄罗斯最有效的外交工具之一。

（二）灵活设置议题，走出话语困境

当前国际较量的"新常态"是利用现代信息传播技术进行舆论渗透和思想渗透，向对手发动舆论战、宣传战和信息战，为政治斗争创造条件。② 今日俄罗斯电视台将自身的资源输出，利用新媒体平台的二次传播，拓展话语平台。今日俄罗斯电视台在资源输出中从选题和视角上与西方主流媒体形成差异化，不同于其他国际电视频道在报道题材与报道角度上的大同小异，而是具有自己的立场。2013年3月初，当美国有线电视新闻网和英国广播公司都在报道朝鲜的核试验以及安理会出台的制裁举措时，今日俄罗斯电视台则集中报道了叙利亚反对派扣押联合国维和人员作为人质的事件和以色列士兵粗暴对待儿童的画面，以此揭露西方国家在对待国际事务问题上实行的双重

---

① 许华：《从乌克兰危机看俄罗斯的国际传播力——兼议国际政治博弈中的传播之争》，《俄罗斯学刊》2015年第3期。

② 许华：《从乌克兰危机看俄罗斯的国际传播力——兼议国际政治博弈中的传播之争》，《俄罗斯学刊》2015年第3期。

标准。①

愈演愈烈的舆论战对各国话语权具有重大影响。美国得以向国内民众多角度全方位展示自己"世界警察"的形象,并在渲染俄罗斯现实威胁过程中与欧洲等国捆绑,继续扮演"地区盟主"的角色。俄罗斯在积极反击的同时,也通过"宣传战"将舆论场打造成宣介政策、提升影响的重要平台,比如,通过对比美空袭战绩,宣扬"持续几周的打击效果胜过美国一年的空袭",营造自身"负责任大国形象";利用媒体展示俄军转型成果,弥合与欧盟分歧,重塑在中东的地缘影响力。② 在国家间交往中,一国对外交事务的话语权往往表现了其在国际上的地位及能力。今日俄罗斯电视台通过在议题领域的灵活运作,促进了透过媒体发声的媒体外交的发展,维护了俄罗斯国家利益。

本章思考:

1. 举例分析英国广播公司参与媒体外交的表现。
2. 中国如何在强势外媒林立的前提下打造国际话语平台?

---

① 张超:《国际传播中的话语争夺策略——以俄罗斯RT电视台为例》,《传媒》2014年13期。
② 王华伟、刘小辉:《俄罗斯与西方激战舆论场》,《中国国防报》2016年4月26日。

第七章 互联网与媒体外交

互联网自普及以来，正在国际事务中发挥越来越重要的作用，互联网参与媒体外交工作也是近年来的新趋势。本章主要分析互联网时代媒体外交的新特点，特别以微博外交、推特外交为例对互联网参与媒体外交进行详细分析。

第一节 互联网与媒体外交概述

一、互联网的发展概述

互联网自普及以来，在多领域被广泛运用，外交领域就是一个典型的代表。随着互联网的普及和社交媒体的兴起，"新媒体类型的多元与多变，促使国际外交的舞台更为广阔，普通民众参与公共外交的可能性也在提高。"[①]

互联网在国际事务中发挥着越来越重要的作用。要追根溯源的话，还得说到美国国防部高级研究计划局主持研制的阿帕网，即 ARPANET。阿帕网第一期工程于 1969 年投入使用。

[①] 赵启正主编：《公共外交·案例教学》，中国传媒大学出版社 2016 年版，第 111 页。

「媒体外交概论」

"它将位于加州大学洛杉矶分校、加州大学圣巴巴拉分校、斯坦福研究院和犹他大学的4台计算机连接起来。4所机构中研究人员能将他们的计算机连接起来并远程运行程序,这意味着位于不同地点的研究人员可以共享硬件和软件成本。另外,研究人员可以通过从一个位置向另一个位置传输文本和数据文件来共享信息。"① 1989年阿帕网被关闭,互联网由军用全面转为民用。1998年,时任联合国秘书长安南在联合国新闻委员会年会上将互联网称为报纸、广播和电视之后的"第四媒体"。"作为最强大的文化传播媒介,互联网已经成为各国、各民族、各类群体文化同台竞技的全球舞台。"② 同时,互联网和新媒体也带来了一些新的改变。"互联网和新媒体的传播特点使其成为传统媒体的有力竞争对手,传统媒体凭借自身传播优势积极运用网络进行传播,互联网和新媒体的新型传播形式改变了传统媒体的新闻生产流程。"③

互联网的兴起以及广泛运用,得益于其交互性、开放性、分散性等方面的特点。在外交领域,无论是各国外交部门的官方网站和官方微博,还是通过多种方式开展的对外宣传和推广活动,都离不开互联网。当然,除了官方主导的媒体外交活动外,各种非官方组织和民众也通过互联网以各种形式参加到相关外交活动中去。移动互联网技术的广泛采用和社交媒体的兴起,彻底改变了固有的传播形态,打破了政府和主流媒体对传播权的垄断,这也使得我们从宣传的时代过渡到了传播的

---

① [美]里德著,周靖、朱玉芳译:《计算机导论与JavaScript编程(第3版)》,清华大学出版社2011年版,第42页。
② 申琰:《互联网与国际关系》,人民出版社2012年版,第50页。
③ 李良荣:《新闻学概论》,复旦大学出版社2011年版,第96页。

时代。①

以国际禁雷运动为例。1997 年，为表彰国际禁雷运动组织在推动禁止使用杀伤人员地雷运动中的杰出成就，诺贝尔和平奖被授予国际禁止地雷运动组织和该组织当时的协调人乔迪·威廉姆斯（Jody Williams）。基于互联网的重要作用，乔迪的一部分工作是在位于美国佛蒙特州的家中利用互联网组织协调国际禁雷运动。

在近年来的各国革命和国际关系重大事件中，媒体尤其是新媒体发挥着越来越显著的作用。美国学者保罗·莱文森在论述新新媒体和西亚北非动荡之间的关系时提到了"硬"决定论和"软"决定论，简单讲就是必要条件和充分条件的不同。媒体对于动荡，只能算是必要，而不是充分条件。② 这也提示我们，在外交领域，不能对媒体尤其是互联网和新媒体产生过分依赖。

二、互联网参与媒体外交的实践

在互联网技术日新月异的今天，互联网和新媒体被广泛运用于包括外交在内的各个领域。在全球化发展的今天，互联网已成为建构全球范围内社会权力结构的主要物质结构、组织载体和表意体系。③ 在媒体外交领域，互联网和新媒体则将多元化的国际行为主体推上了舞台，包括各国政府、公民、社会组

---

① 史安斌：《全媒体时代的新闻发布和媒体关系管理》，五洲传播出版社 2014 年版，第 26 页。

② ［美］保罗·莱文森著，何道宽译：《新新媒介（第二版）》，复旦大学出版社 2014 年版，第 229 页。

③ 洪宇：《全球互联网变局：危机、转机与未来趋势》，《人民论坛·学术前沿》2020 年第 15 期。

织和大型跨国公司等。

各国政府在有效利用互联网开展媒体外交工作方面，一直以来都表现得较为活跃。有研究者指出，许多国家的外务部都明显存在一种感觉，那就是要赶上全球通信的快速发展变化是必要的，否则就会在一个有众多活力四射、积极开展公共外交的行为体的领域落伍。[1]

美国政府在各国政府中表现得最为积极，其近年来的公共外交包括媒体外交工作基本都是以互联网和新媒体作为利器来进行的。以社交媒体外交为例，全面覆盖的社交媒体网络使美国可以影响一个庞大而又多样化的群体。美国社交媒体外交的核心使命就是维护和宣扬美国价值观，以增进美国的国家利益。在具体运作方面，美国社交媒体外交注重本土化实践和全球化整合的平衡，注重全面覆盖和重点突破相结合。[2]

网络外交是美国近年来较为熟练使用的一种方式。2009年，由于意识到脸书、推特等在内的社交网络对颠覆伊朗政权可能有着重大意义，美国国务院曾以"推特对抗议者的组织工作有重要作用"为由要求推特网站延后原定的系统维护以保持正常服务。[3]

2008年爆发的俄格武器冲突中，战争在现实世界和虚拟世界同时打响。俄罗斯的黑客通过对格鲁吉亚的虚拟攻击，致使格鲁吉亚相关政府机构和基础产业网站由于遭到集中攻击而陷入瘫痪。具体到一国国内的和政权争夺有关的政治活动，互联

---

[1] [澳]保利娜·克尔、杰弗里·怀斯曼主编，张清敏译：《全球化世界的外交：理论与实践》，上海人民出版社2021年版，第221页。

[2] 沈国麟等：《互联网与全球传播：理论与案例》，复旦大学出版社2018年版，第50—54页。

[3] 王徽：《美国的"互联网自由"》，载庞中英主编：《赢取中国心：外国对华公共外交案例研究》，新华出版社2013年版，第173页。

网同样被大量使用。

马尔代夫也利用互联网积极开展外交活动。2007年，马尔代夫政府在"第二人生"（Second Life）网站的三维虚拟社区设立了虚拟大使馆，将此作为展现国家形象、开展外交互动的一种重要尝试。①

爱沙尼亚近年来也开展了议题广泛且形式多样的网络外交活动，在数字能力等外交合作方面，"爱沙尼亚通过举办网络外交官培训的方式，加强网络安全领域国际规范的协调"，基于对安全利益和地缘因素的综合考量，爱沙尼亚网络外交主要"着眼于防御性和针对性较强的网络防御联盟"。②

也有社会组织利用互联网介入多边活动的案例。"1995年至1998年之间，70个国家中600个以上的社会组织通过互联网，直接介入并干预了经济合作与发展组织框架中旨在给予跨国资本空前流动自由的多边投资协定的贸易谈判过程，从而促成了该协定的流产。"③

中国外交部在新媒体的运作方面同样也表现得积极主动。"近年来，外交部新闻司加强了虚拟外交事务，专门设立了网络处，注重做好外交部网站的日常维护工作，注意及时更新和不断充实主页内容，确保重大外交动态信息第一时间上网，静态信息不断丰富。"④中国分布在全球的众多驻外使领馆已形成颇具规模的网站群，这些网站用多种语言向国内外公众阐述中国的外交政策和工作，介绍驻外机构的对外活动和当地的国情

---

① 赵启正主编：《公共外交战略》，学习出版社、海南出版社2014年版，第32页。
② 卫静怡：《爱沙尼亚的网络外交》，《人工智能资讯周报》2022年第176期。
③ 李智：《国际传播》，北京大学出版社2012年版，第102页。
④ 赵启正主编：《公共外交战略》，学习出版社、海南出版社2014年版，第40页。

与文化。

三、数字外交

数字外交，即数字化外交，主要强调"利用互联网来达到外交的目的"。① 具体而言，数字外交指为实现国家利益，借助数字技术，通过数字平台向信宿进行数字信息的传递、互动和扩散的行为。该定义中的数字平台指接入国际互联网的政府网站、官方支持的媒体、社交媒体中认证的官方账号以及数字应用程序等。② 在实践领域，社交媒体通过提高国家沟通、互动和说服外国公众的能力以促进或改变公共外交的实践活动普遍得到了重视。③ 在中国的数字外交实践中，有研究者注意到中国开展的数字漫画外交："通过语境重构、刺点制造，冲突与奇观的视觉框架，发出响亮的中国声音，赢得了中国外交话语权。"④

以俄罗斯的数字外交发展为例，根据博雅公关的统计，2020年数字平台上最活跃的50位世界领导者（包括领导人和政府机关）中，俄罗斯外交部在主要数字平台上排名前13。总体上，21世纪以来的20多年，俄罗斯的数字外交在国际舆论战中逐渐成长并壮大。⑤

---

① 布莱恩·霍金斯、扬·梅理森：《数字外交：数字化时代的外交结构》，《公共外交季刊》2016年第3期。
② 张晓慧、肖斌：《传播策略与大国数字外交——基于美俄关系下俄罗斯数字外交的案例分析》，《世界经济与政治》2021年第11期。
③ 张举玺、霍龚云：《认同与合作：金砖国家对华数字公共外交研究》，《当代传播》2021年第2期。
④ 刘丹阳、张举玺：《数字漫画外交：中国声音的视觉修辞实践》，《当代传播》2022年第2期。
⑤ 张晓慧、肖斌：《传播策略与大国数字外交——基于美俄关系下俄罗斯数字外交的案例分析》，《世界经济与政治》2021年第11期。

需要指出的是，提高数字外交的效率问题是成功实现数字外交的关键，数字外交的开展并不简单指网站的建设，还包括一系列适应互联网技术发展的建设行动。在数字外交实践中，尤其要重视虚假信息及其带来的风险，要"利用好大数据分析、借助人工智能技术并推进跨部门以及政府与民间的合作，降低竞争对手的数字外交活动带来的风险"①。除了虚假信息的相关风险，还要关注规范和制度的缺失，网络安全、数据安全等风险对数字外交在国际事务中进一步发挥作用的制约。②

第二节　微博外交

微博既是一种新型的交流方式，也是一种全新的表达个人思想的方式。它改变了人们过往写博客的方式，让写博客的方式更加便捷，每个人身边发生的小事都可能通过微博进入互联网世界。微博已经从影响个人生活延伸到推动信息传播，甚至社会变革的层面。

在微博等社交平台没有广泛使用前，政府只能依靠他国本土新闻媒体来接触外国公众，现在，社交媒体使一个国家的政府与其他国家公民之间的点对点联结成为可能。有学者对30个外国大使馆在微博上的表现进行研究，研究指出，他国可以通过数字平台向中国公众传递信息，进一步开展公共外交工作。在微博上，各国大使馆可以摆脱其国家经济规模的限制，通过活跃的每日发帖吸引更多的受众。在发生国际危机等外部冲击

---

① 张晓慧、肖斌：《传播策略与大国数字外交——基于美俄关系下俄罗斯数字外交的案例分析》，《世界经济与政治》2021年第11期。
② 鲁传颖：《数字外交面临的机遇与挑战》，《人民论坛》2020年第35期。

时，微博还可以为外国政府参与国际关系管理提供机会。[1]

微博外交是近年来的热词，以推特和新浪微博等为代表的新媒体平台越来越多地参与到外交工作中来。以中国外交部公共外交办公室官方新浪微博"外交部"为例，截至2022年11月，已发布超过1.8万条微博，拥有超过800万粉丝。很多国家的外交部门和驻外机构都开设有官方微博，在及时发布消息的同时，还和网民进行良性的互动。在手机日益普及的今天，外交工作人员深知信息传递的重要性，积极主动发布消息是媒体外交工作的常态，既能传达信息，又能消除误解，还能增进和民众的互动。

微博外交已日渐趋于社会化。"原本用以实现政府、利益集团重大利益的最有效手段——权力正逐渐去中心化，而组织、个人在社会化外交中获取权力的能力及产生的公共外交影响正日益突出。"[2] 从媒体属性来看，新浪微博实质上成了一张被数亿网民分享、放大的"新闻纸+观点纸"，它已经超越了一般意义上社交媒体的功能，成为具有巨大影响力的新闻媒体。[3] 可以认为，数字外交中的社交媒体平台更多是在行使"信息传播工具"的职能，此外，数字外交也和战略目标紧密相关。[4]

对微博进行的媒体外交行为的评估需要引入一系列指标。钟新等人在分析微博外交时提出了个体、互动、话语及关系三

---

[1] Luqiu, Luwei Rose, and Fan Yang, "Weibo Diplomacy: Foreign Embassies Communicating on Chinese Social Media," Government Information Quarterly, Vol. 37, No. 3, 2020.

[2] 钟新、黄超等：《微博外交理念及实践策略》，中国传媒大学出版社2015年版，第25页。

[3] 史安斌：《全媒体时代的新闻发布和媒体关系管理》，五洲传播出版社2014年版，第13页。

[4] Jiang, Ying, "Social Media and E-diplomacy in China: Scrutinizing the Power of Weibo," New York: Springer, 2017, p. 116.

个方面的分类指标。具体而言，在评估微博外交的实践活动时，应该在不同时间、空间（全球、区域、国家等层面）中，选择来自不同社会单元（公共部门、私营部门、公民社会）的国际行为体，研究其在微博传播过程中的个体、互动、话语及关系现状。① 在指数分析层面，个体维度包含行为体、时空偏向和综合变化等；互动维度则从程度、内容和形式三个方面展开；话语及关系维度，则包括话语网络建构、网络构建意识、热帖关系网络和全网关系基础等方面。②

总体上，分析微博外交还得从具体研究对象在一个特定时间段或针对某一特别事件的微博相关行为进行详细分析开始。具体案例分析方面，有学者分析了部分国家大使馆的微博账号后指出，出于公共外交目的使用社交媒体并不是特别有利于与目标受众进行真正的对话。③

再说推特外交。推特是微博时代的典型代表，推特用户不仅仅局限于普通民众和明星，还有许多国家领导人。这些政治人物在推特上所发布的消息，既是个人形象展示的一部分，有时候也是外交手段的展示。

推特外交是指运用推特等社交平台来展开外交事务、宣传外交观点、引导公共舆论的新型外交方式。这种外交方式使得信息的传播更加快速便捷，让普通民众也能很快知道一些国际上发生的大事，提高人们对政治的知晓度和参与度。有研究者以海湾阿拉伯国家委员会相关国家设在西方国家的大使馆的官

---

① 钟新、黄超：《微博外交的研究进路与评估框架》，《武汉理工大学学报（社会科学版）》2016年第6期。

② 钟新、黄超：《微博外交的研究进路与评估框架》，《武汉理工大学学报（社会科学版）》2016年第6期。

③ Jiang, Ying, "Social Media and E-diplomacy in China: Scrutinizing the Power of Weibo," New York: Springer, 2017, p. 116.

方推特为研究对象,指出推特外交含有的六种有效传播策略,分别是互动性、个性化、积极性、相关性、透明度、广泛的利益相关者网络。①

推特外交也可以说是一种公共外交的手段,多国领导人和相关机构都开通了推特并且发布了许多重要消息,例如宣布即将出台的政策,改变对外政策,加强和他国的交流与沟通等,都可以说是进行外交的手段。推特的及时性和快速性让这些领导人能够第一时间知道发生了什么,并迅速做出反应。

案例7-1 "信息疫情"与媒体外交

"信息疫情",即 infodemic,具有"传播速度快,信息内容动态多变、受众面广、危害性大"②等特点,受到了各国政府的广泛关注。

"信息疫情"的兴起与加剧是"对社会公共信息传播,尤其是健康传播秩序的重要挑战"。③ 应对"信息疫情"需要"新传播机制下的国际合作与协调",同时还"有赖于全球传播学者们共同的努力"。④

"信息疫情"及随之而来的传播格局变化也给媒体外交工

---

① Nadine Strauß, et al, "Digital diplomacy in GCC countries: Strategic Communication of Western Embassies on Twitter," Government Information Quarterly, Vol. 32, No. 4, 2015.

② 方兴东、谷潇、徐忠良:《"信疫"(Infodemic)的根源、规律及治理对策——新技术背景下国际信息传播秩序的失控与重建》,《新闻与写作》2020年第6期。

③ 姬德强、李蕾:《信息疫情与数字平台语境下公共信息传播的新把关人建设——以新型主流媒体为例》,《中国编辑》2022年第6期。

④ 方兴东、谷潇、徐忠良:《"信疫"(Infodemic)的根源、规律及治理对策——新技术背景下国际信息传播秩序的失控与重建》,《新闻与写作》2020年第6期。

作的开展带来了相应的挑战，主要体现在虚假信息的传播方面。疫情期间，世界卫生组织与社交平台 WhatsApp（瓦次艾普）合作，推出了包含四种语言（阿拉伯语、英语、法语和西班牙语）的专用信息服务，提供关于新冠病毒感染疫情的情况报告、旅行建议和对相关谣言的澄清。[①] 世界卫生组织还和其他媒体平台紧密合作，相关媒体平台在世界卫生组织的指导下对平台的疫情信息进行标记，将安全提示放在醒目位置，同时还对可能造成影响的虚假信息进行警示。

本章思考：

1. 选取一个特定事件或特定时期，详细分析中国外交部的官方微博在媒体外交方面的表现。
2. 你如何看待互联网与媒体伦理？

---

① 史安斌、童桐：《新冠肺炎疫情下的数字公共外交：挑战与创新》，《对外传播》2020 年第 5 期。

第八章 驻外记者与媒体外交

驻外记者是媒体外交活动中的重要参与主体之一，他们虽然没有外交部门的任命，但参与的采访和报道活动往往和外交紧密相连。本章主要分析驻外记者的工作特点、驻外记者对媒体外交的贡献，帮助大家全面理解驻外记者和媒体外交的关系。

第一节 驻外记者概述

一、驻外记者的发展历史

自从媒体诞生以来，记者的活动就与之相伴相生。随着国家间联系的日益扩大，媒体报道范围也相应扩大，仅靠翻译外电和转载外国媒体消息已不能满足媒体和广大受众的需求，于是就有了驻外记者。驻外记者，指受国内新闻单位派遣，常驻国外采访的记者。[1] 在驻外记者兴起的早期，通常与战争有关。从通常被国际关系史认为是欧洲近代史开端的三十年战争起的

---

[1] 程曼丽、乔云霞主编：《新闻传播学辞典》，新华出版社2012年版，第164页。

历次大型战争，让驻外记者作为一门职业活跃在国际舞台上。以久负盛名的"第一个也是最伟大的军事记者"威廉·拉塞尔为例，由于其在战场上的出色表现，他被授予爵位，逝世后被安葬在伦敦圣保罗大教堂。他一生参与过十场战争的报道工作，为《泰晤士报》发回关于战争现场的报道无数，成为后来战地记者的榜样。除了战争，驻外记者们还关注各国的社会、经济、文化等多方领域。

以外国驻华记者为例，截至2015年1月，共有来自50个国家的320家外国新闻机构近700名记者在华常驻。[①] 如今，驻外记者早已成为各大媒体举足轻重的组成部分，驻外记者站点（网点）的分布也较为稳定。中国新闻媒体驻外方面，以新华社为例，自1948年建立驻外记者站开始，至2021年2月已经有181家驻国（境）外分支机构。[②] 中国国际广播电台自1980年在日本东京建立第一个记者站开始，迄今已经建立了32个驻外记者站。

驻外记者数量也会受多种因素影响而产生变化。如媒体机构资金运作不善、国际新闻关注度减少，驻外的记者数量就会削减。"1968年，美国有637名记者常驻越南南部。后来，当美国逐渐从越战中脱身时，1970年记者数降到392名，1972年降至295名。到1974年中期，记者数降到33名。"[③]

[①] 《2015年外国驻华记者新年招待会在北京举行》，中国政府网，2015年2月17日，https://www.gov.cn/xinwen/2015-02/17/content_2820338.htm。

[②] 派驻国（境）外分支机构，http://www.xinhuanet.com/xhsld/2021-02/09/c_1211019859.htm。

[③] 朱世达：《当代美国文化》，社会科学文献出版社2001年版，第349页。

二、驻外记者作为职业的的理论基础

在众多的传播学理论中,鲜有专门用于驻外记者的相关理论及论述。但不可否认,驻外记者通过他们艰苦且高风险的工作,给该国民众带去了精彩的报道,成了该国人民了解境外战事、外国社会、外国文化的一扇窗口。驻外记者在无形中起到了中介作用,同时,也在该国民众对外国印象的形成过程中起到了重要作用。有两个理论可以帮助我们更清楚地理解驻外记者的工作和他们的重要作用。

(一) 拟态环境

拟态环境的说法是由美国人李普曼提出来的,他将人类生活的环境分为现实环境和拟态环境两种,现实环境是客观世界,拟态环境是主观环境。"一般来说,人们脑海中有一定间接体验但并非亲身接触的环境便是拟态环境,也称为间接环境。传播行为便是为人们提供拟态环境的主要手段。"① 拟态环境并不是指非真实的环境,但如果一个人长期都是通过他人或媒体的传播行为来得出对于外界的印象,则很容易陷入一种对于环境的误解,因为他人转述或媒体传播的内容原本就不可避免地带有主观性,那由此得出的印象就更容易变得不准确客观了。此外,"妖魔化""固定成见"等延伸词汇也可以帮助我们深入理解拟态环境的形成原因及特点。

无论是国内记者还是驻外记者,都是拟态环境形成的重要推手。由于人们普遍形成的对于媒体信息的依赖,人们通过驻

---

① 郭赫男:《传播视野中的"拟态环境"研究》,四川大学出版社2008年版,第41页。

外记者报道等的各方资料，形成关于世界各国的综合印象和看法。在关于外国形象的拟态环境形成过程中，驻外记者起到举足轻重的作用。大多数民众没有机会去国外，也没有掌握外语的基础和环境，驻外记者从国外发回的关于驻在国报道就成了民众形成外国印象的重要来源。

长期在世界日报发行量排行榜排到前十位的中国报纸《参考消息》就有多位派驻各国的驻外记者，他们发回的各类报道，对于国人形成相关国家基本印象做出了莫大的贡献。《参考消息》除了刊载外电、外报、外刊的材料外，还有遍布全世界的近100个特约驻外记者网点为它提供材料，进一步丰富了它的报道内容。[①]

（二）镜像理论

依据拉康的镜像理论，儿童自我整体感的形成是依靠认同于自身的镜像才得到的。必须有这种主体性的假设，自我才能正常地行动。这个镜像作为一个比喻，在现实中实际指的是他者。也就是说，个人自我身份的形成最初是依靠认同于他者。[②] 从镜像理论出发，我们可以假设驻外记者在驻在国写的稿件就是那一面镜子，或者是他者。驻在国的媒体记者有自己观察事物和事件的方法和角度，假设为自我，而驻外记者也有他们的观察方法和角度，两相比较，我们可以得出关于该国环境更客观合理和全面的看法。

以英国著名期刊《经济学人》为例，虽然其在杂志发行量排行榜上没有优势，但在各国读者中影响深远。自2012年1月

[①]《当代中国的新闻事业》编辑委员会编：《当代中国的新闻事业》，当代中国出版社、香港祖国出版社2009年版，第219页。

[②] 贺玉高：《霍米·巴巴的杂交性身份理论研究》，中国社会科学出版社2012年版，第82页。

起增加的中国专栏，就可以看出他们对于中国报道的重视。专栏的增加也意味着常驻中国记者团队的固定化。一方面，外国读者可以通过中国专栏了解中国，另一方面，中国读者也可以通过这些外国驻华记者的报道来了解外国人眼中的中国。

需要指出的是，驻外记者的报道角度也不能保证都是客观公正的。朱世达认为，美国的驻外记者，大都信奉美国的主流价值观，他们的国际采访和写作都是在美国政治文化的大框架下进行的，因为他们必须顺应美国主流价值观的思维模式。①

三、驻外记者的特点

战地记者是一部分具有冒险精神的青年学子的理想职业之一，如何将战场上的变幻莫测准确传递给广大受众，是战地记者的伟大使命。曾获得诺贝尔文学奖的英国前首相丘吉尔就担任过战地记者，战地记者经历对他后来成为政治家以及撰写《第二次世界大战回忆录》有深刻的影响。一部分驻外记者在国外采访的经历，往往就是从战场开始的。要成为一名驻外记者，除了熟练运用驻在国语言，具备良好的身体和心理素质、熟练的采访技巧外，还需要敢于冒险的精神，以及对于新闻真实度的执着追求。

曾担任新华社非洲总分社、伦敦分社编辑和记者的马建国认为，驻外记者既是信息的收集者，又是新闻的发布者，甚至可以扮演一个国家或民族代言人的角色。从这个意义上讲，驻外记者似乎在自觉或不自觉地从事公共外交活动，记者的观点有时甚至比官方的观点更有说服力。② 通过了解驻外记者的特

---

① 朱世达：《当代美国文化》，社会科学文献出版社 2001 年版，第 359 页。
② 马建国：《驻外记者的"外交故事"》，《公共外交季刊》2014 年第 2 期。

点，可以帮助我们更进一步了解这个特别的职业，以下介绍驻外记者三个方面的特点。

（一）第一时间提供独家报道

争独家是各类媒体派出驻外记者的最重要也最基本的原因，尤其当一个媒体发展到一定规模且受众群体也相对固定时，独家新闻就成了其发展过程中和竞争对手竞争的重要博弈因素。

拥有丰富驻外经历的美国记者马修·斯科菲尔德（Matthew Schofield）谈到驻外记者的职业时说："我从这个工作中得到的最大的成就感，就是当那些影响世界的大事发生时，我就在现场，能够见证它们。"① 在大事发生时，媒体记者能在第一时间到达现场，是独家新闻最重要的保证。多年以来，各大媒体都不遗余力希望能做到这一点。

凤凰卫视近年来在华文媒体中大放异彩，驻外记者们在第一时间发回的独家报道功不可没。正是在驻外记者们的努力下，凤凰卫视的国际报道和国际评论得到了广大受众的一致好评。

（二）多角度观察和思考问题

如何在保持全面报道的前提下还能有独特观察视角，是我们对新闻报道的理想要求。驻外记者在一定程度上能满足这个要求。在大多数时候，他们能从被驻在国本国记者忽略的一些角度出发去报道和分析。

越南战争初期，由于媒体介入战争的力度不大，政府并未觉得有多少阻力。但当媒体的关注度逐渐加深，更多的美国民

---

① ［美］艾丽西亚·T. 德万迪尔、卡罗尔·A. 特金顿著，刘闯译：《新兴职业：媒体》，上海科学技术文献出版社2008年版，第41页。

众开始通过驻外记者从各类型媒体发回的报道了解越南战场更多且更进一步情况时，舆论走向开始出现了急剧的变化。美国媒体驻越南的记者为公众提供了更多观察和思考的角度，由此连带的公众舆论变化令美国政府猝不及防。

（三）熟悉驻在国语言问题

关于驻外记者在熟悉当地语言和新闻报道业绩两个方面，有很多争论。因为有一部分驻外记者并不熟悉更谈不上精通当地语言，虽然也有良好的新闻报道业绩，但我们有必要担心由于对当地语言的不熟悉而可能导致的理解不全面或者报道不深入的情况发生。如果到当地采访，还要带翻译人员一起的话，就大大提高了采访活动的成本。当然也有例外，在非洲和东欧地区，因为国家较小而语种较多，一个记者往往要负责若干个国家的报道，选择记者就很少考虑其是否掌握当地语言了。[①] 这种情况属于客观条件限制而能够被理解。在中国每年两会的总理记者见面会上，我们会看到向总理提问的外国驻华记者们，近年来，大部分驻华记者都能用汉语普通话向总理提问，足见各大媒体对驻外记者语言方面的高标准和严要求。

案例分析 8-1　何凤山："中国的辛德勒"

何凤山（1901—1997年），湖南益阳人。德国慕尼黑大学政治经济学博士，著有回忆录《外交生涯四十年》。二战期间，任中国驻维也纳总领事的何凤山向数千名犹太人发放了前往上海的签证，使他们免遭纳粹的杀害。1999年，由加拿大温哥华中华文化中心和犹太人大屠杀问题教育中心联合举办，上海犹

---

① 胡舒立：《访美记》，中信出版社2012年版，第83页。

太人研究中心协办的一个名为"犹太人在上海"的系列活动中,何凤山的义举被公之于世。2001年,以色列政府授予何凤山"国际正义人士"称号。2005年,联合国誉何凤山为"中国的辛德勒"。

何凤山在奥地利总领馆给犹太人发放前往上海的签证,挽救了众多犹太人的生命。刘冠初先生根据签证收费记录统计,何凤山任职期间总共发放了10047份签证,其中大部分是发给犹太人的,所以他给犹太难民发放的签证可能高达8000—9000份。①

何凤山虽然做了莫大的贡献,但是一直默默无闻,仅在其晚年的回忆录《外交生涯四十年》中简要提及此事:"随着奥地利被德国吞并,犹太人受希特勒'魔鬼'政策迫害越来越严重。有些美国的宗教和慈善组织急忙开始营救犹太人。我与这些组织保持秘密的联系。我也尽可能地利用一切手段,许多犹太人于是得救了。"②

何凤山帮助犹太人的事迹能在全球范围得以广泛传播,与一位中国驻外记者的努力密不可分。《人民日报》驻瑞典记者章念生,挖掘出中国辛德勒式的外交官何凤山的事迹,完全不是偶然。加拿大华人组织提名何凤山为以色列的"国际正义人士"后,舆论没有反应。经过多次照片巡展,美欧也只对自己国家的人大肆宣传。在瑞典的一次展出中,章念生遇到了何凤山的女儿何曼礼,经过多次交谈,掌握了进一步详尽的材料。其撰写的文章在中国的《环球时报》发表,很快吸引了西方媒

---

① 潘光:《来华犹太难民研究(1933—1945):史述、理论与模式》,上海交通大学出版社2017年版,第89页。

② 章念生、边红:《北欧亲历》,当代世界出版社2002年版,第84页。

「媒体外交概论」

体的关注,被翻译成多国文字通过各国媒体广泛传播。

第二节　驻外记者与媒体外交[①]

在媒体外交的发展历史中,除了政治家和相关外交人员外,驻外记者一直都是其中最活跃的角色。作为记者,特别是一名驻外记者,与外交官一样的素养也是对一名合格的驻外记者的基本要求。[②]"深入研究外国驻华记者,尊重他们'寻求真相的独立声音',主动创造机会让外国记者了解中国,有助于更有效地向世界说明中国,塑造积极的国际形象。"[③]

一、驻外记者与媒体外交的关系

媒体外交的概念得以确立,还在于其在外交活动中丰富的表现形式起到的推广作用。正是各种形式的媒体外交活动,才让人们越来越意识到媒体和传播对于外交活动的重要性。在多种报道场合,驻外记者一定程度上兼具外交人员的角色。在驻外记者对媒体外交的贡献中,既有正面的促进作用,也有因为相关报道而阻碍外交发展的情况。

(一) 对媒体外交正面的促进作用

驻外记者通过自己的报道,既能在一定程度上引导舆论,又能在一定条件下促进相关决策的产生。美国前总统罗斯福在

[①] 本节原载于《新闻知识》2017年第5期,内容略有删改。
[②] 马建国:《驻外记者的"外交"故事》,《公共外交季刊》2014年第2期。
[③] 孙华、王芳:《埃德加·斯诺研究》,湖南师范大学出版社2012年版,第190页。

1915年1月22日致爱德华·格雷爵士的信中谈到了驻外记者的重要性,他认为驻外记者在军事方面没有任何作用,但是能非常有效地阻止公众舆论的挖苦嘲弄。① 罗斯福是从政治家的角度来看待驻外记者的重要性的,强调其能消除公众对信息需求的不确定性,也能有效引导公众舆论。正由于此,在战争期间,军方更倾向于通过对媒体的多种管制措施来控制记者的报道内容。美国军方吸取了在越南战争中的"教训",通过对媒体采取一些有技巧的引导,例如拖延采访时间,既让记者们行使了采访的权利,也不用担心对美方不利消息的传播。到1991年海湾战争时美国开始严格监控媒体,2003年伊拉克战争时更是创造性地采取了"嵌入式采访"的做法来控制媒体。这些对于媒体引导策略的采用并没有对外交产生直接影响,但的确避免了因为媒体报道内容而带来的可能的外交危机。

(二) 对媒体外交一定程度的阻碍表现

在驻外记者的报道中,也会出现对外交政策或政府决策造成阻碍的情况。由于新闻报道客观性原则和官方立场可能存在的矛盾,相关报道时机的选择以及报道内容将对官方决策形成阻碍。1982年英国和阿根廷争夺马尔维纳斯群岛的战争中,英国广播公司战地记者在战场进行采访的报道也曾给英国高层和军方造成了不小的麻烦。1982年5月4日,阿根廷出动战斗轰炸机攻击英军谢菲尔德号导弹驱逐舰。阿方发射一枚导弹击中了谢菲尔德号,谢菲尔德号迅速起火并最终沉没。英国军方尝试封锁此消息,但战地记者的报道发回英国广播公司后,英国广播公司选择把消息公开。甚至还有资料提到英国广播公司记

---

① [美] 哈罗德·D. 拉斯韦尔著,张洁、田青译:《世界大战中的宣传技巧》,中国人民大学出版社2009年版,第117页。

者曾将英军战斗部署的位置通过广播播报出去，消息被阿根廷军队收听到后迅速增派了援军，由此极大地增加了英军的打击难度并随之造成了更大的伤亡。① 在这样的案例中，我们看到的并不是媒体对外交工作和政府决策的有利促进，而是让媒体和政府的关系陷入了更复杂的漩涡中。

再以意大利著名记者法拉奇为例，1982年6月12日，在阿根廷驻马尔维纳斯群岛守军最后投降的前两天，法拉奇采访了阿根廷总统兼陆军总司令莱奥波尔多·加尔铁里。原本计划做好各种应对的加尔铁里无法应对法拉奇有备而来的连珠炮似的发问，最后无奈承认阿方发动战争的理由是"基于情绪，不是黄金，不是石油，不是战略地位"。② 在法拉奇笔下的加尔铁里的表现，将在一定程度上引导各国对阿根廷的舆论走向。

二、通过驻外记者加强媒体外交工作

随着国际形势的愈加复杂难辨，驻外记者的重要性将持续提高。尤其在一些冲突和有争议的地区，驻外记者站的建立和驻外记者持续的报道就显得更加重要，也是开展外交工作不可或缺的组成部分。驻外记者可以把他们的报道发回国内，也可以用驻在国语言写作，还可以在驻在国主流媒体上发表文章或参与相关专题节目的制作。

（一）高效建立记者站

在一些人看来，媒体派出驻外记者是没有必要的，直接购

---

① ［英］苏珊·L.卡拉瑟斯著，张毓强等译：《西方传媒与战争》，新华出版社2002年版，第150页。
② 展江、杨鲁江：《新闻与战争》，上海人民出版社1991年版，第184页。

买或使用外国媒体的第一手消息同样可以完成报道任务。诚然，那样的做法也无可厚非，既节约了成本，也完成了报道任务。但弊端在于如果媒体报道只是简单的复制编辑工作，对于自己的受众而言就没有任何吸引力，且完全无助于改善目前国际新闻流动不均衡的现状。成本方面，在安全形势较为恶劣的地区，记者站的投入和维护成本要远远高于和平地区。"一般来说，美国报纸维持一个在外国首都的记者站一年的经费是25万美元。安全形势恶劣的地区，比如巴格达，维持费用超过100万美元。"[1]

对于要不要持续投入驻外记者站或网点建设，各方观点不一。目前通行的做法是继续建设驻外记者站，但在人力和财力投入方面有一些比较变通的做法。例如和当地相关媒体公司合作，在成本和效率方面都是不错的选择。曾任中央电视台驻巴黎记者站记者的林文在提到采访法国前总统希拉克的经历时提到，仅靠记者站的两个人是很难完成这个任务的。他们依靠长期合作的一家法国公司，让该公司提供摄像、灯光、音频等全方位的技术支持。[2] 这样，既相对降低了制作成本，也提高了采访效率。

（二）促进驻外记者向全媒体记者转变

随着媒体技术的日益发展，多媒体手段的综合运用，驻外记者的工作效率也得到极大提高。驻外记者的身份将逐渐演变为全媒体记者，他们在驻在国既是记者，也一定程度上行使着外交人员或文化使者的职能，尤其是在和驻在国人员交流和采

---

[1] 朱焱：《发出中国声音 引导国际舆论 关于中国驻外记者的思考》，《新闻与写作》2009年第1期。

[2] 林文：《驻外电视记者：周旋在日常、突发、重大新闻之间》，《中国记者》2009年第6期。

访过程中体现得较为明显。驻外记者们如何从多角度深入挖掘新闻，是今后工作中面临的新的挑战。驻外记者既要走进当地民众的生活，又要秉持新闻工作的基本原则，写出精彩全面的报道。同时，驻外记者的个人社交媒体也是一个可以发挥良好作用的舞台。一些表现突出的驻外记者还可以利用他们的个人关系网络和影响，在一些和外交有关的问题上发挥媒介作为中介的作用，为外交工作做出贡献。

本章思考：

1. 外交官员能否兼任驻外记者？为什么？
2. 简述你对外国记者俱乐部和媒体外交之间关系的看法。